PASTA + **Café**
파스타 + 카페

파스타 없는 하루는 햇빛 없는 하루와 같다.

―이탈리아 격언

이탈리아인을 알고 싶으면
그들과 함께 식탁에서 파스타를 먹어라.

-이탈리아 속담

1971년 나는 살기 위해서 스파게티를 계속 삶았고
스파게티를 삶기 위해서 계속 살았다.
알루미늄 냄비에서 뿜어 나오는 증기야말로 나의 자랑이며,
자루가 달린 스튜 냄비 안에서 부글부글 소리를 내는
토마토소스야말로 나의 희망이었다.

–무라카미 하루키 〈스파게티의 해에〉 중에서

파스타,
어디가 맛있어요?

prologue

어릴 때 누군가 가장 좋아하는 음식을 물어보면 대답은 늘 두 가지였다. 떡볶이 아니면 자장면. 아마 우리 반 아이 전체가 그렇게 대답했을 거다. 그러나 요즘 초등학생들에게 가장 유혹적인 음식은 "좋은 엄마라는 소리를 들으려면 토마토 스파게티를 잘 만들어야 해"라는 어느 선배의 말처럼 파스타인 것 같다.
파스타를 처음 먹은 기억이 언제였는지 모르겠지만… 대학입학학력고사를 며칠 앞둔 어느 날 엄마가 밤참으로 스파게티를 만들어 주셨다. 집에서 만든 파스타를 먹어 보긴 처음이었고, 엄마 역시 처음 만들어 봤다고 했다. 면은 푹 익어 자꾸 끊어졌지만 (원래 그런 건 줄 알았다) 맛은 기가 막혔다. 떡볶이와 자장면이 잊혀지는 순간이었다. 다음 날 아침 냉장고 문을 연 채 토마토소스가 반쯤 든 병을 오랫동안 들여다본 기억이 난다. 그 이후로도 엄마는 이모가 외국 여행 갔다가 사 온 토마토소스를 두 번에 나눠 스파게티를 해 주셨다.

카페가 생기는 속도만큼 요즘에는 정말 많은 파스타집이 생겨나고 사라진다. 지금의 내게 파스타는 가장 맛있는 음식이면서 가장 만만한 음식이기도 하다. 또 세상에서 가장 만들기 쉬운 요리이면서 가장 만들기 까다로운 요리이기도 하다. '정통 이탈리아 레스토랑'이라고 써 있는 곳이 아닌, 이제 5평짜리 동네 카페에서도 봉골레 스파게티를 먹을 수 있으니 이 얼마나 편리한가.
남들보다 예민한 입맛을 지닌 것도 아니고 스스로 미식가라 생각해 본 적도 없는 나는 그저 맛있는 것 먹으면서 수다 떨기 좋아하는 사람이다. 종종 집에서 빈둥대다 발동이 걸리면 부엌에서 혼자 난타공연을 하며 정찬을 차리기도 한다. 대학 시절에는 공부가 그렇게 재미없었건만 이제 와서 생각하면 내 전공만큼 생활에 요긴하게 쓰이는 학문도 없는 것 같다. 잡지 에디터를 10년 넘게 한 덕에 새로운 곳에 대한 정보가 쌓이고, 그러다 보니 "파스타는 어디가 맛있어?"라는 질문도 종종 많이 받게 됐다.
정리해서 책으로 엮으면 내가 편할 것 같았다. 맛있는 카페의 파스타를 집에서 만들어 볼 수 있도록 레시피까지 전달한다면 골치 아픈 가계부 사정에 작은 도움이 될 것도 같았다. 사실 파스타는 먹는 입장에서는 비싸고 파는 입장에서는 값싼 메뉴 아닌가.

게으른 탓도 있지만 아가씨에서 아줌마가 되는 바람에 촬영은 6개월을 넘겼고, 책이 나오기까지 꼬박 1년 2개월이 걸렸다. 그동안 〈트루맛쇼〉라는 훌륭한 영화도 나왔다. 도둑이 제 발 저리는 것처럼 보일까 봐 아무 말 안 하려 했는데 내가 소개하는 25곳의 파스타집과는 거리가 먼 얘기임을 밝혀 둔다. 오히려 내가 그곳에 많은 빚을 졌다. 누가 자신만의 스타일이 담긴 레시피를 쉽사리 공개할 수 있을까. 어디까지나 주관적인 선정이었지만(의지와 달리 촬영을 거부한 곳도 꽤 있었다) 난 사람의 입맛은 대개 비슷하다고 믿는다. 고3 때 뭣도 모르고 만들어 주신 엄마의 스파게티보다 더 맛있는 곳을 찾을 수 없었지만 내게 즐거운 추억을 선사한 25곳의 파스타집과 더 맛있고 정직한 파스타를 만들기 위해 오늘도 애쓰고 있는 25분의 요리사분께 고마움을 전한다.

*〈트루맛쇼〉: 방송국 맛집 프로그램의 사기행각을 밝혀낸 다큐멘터리 영화

일러두기
- 이 책에 소개된 음식점의 메뉴와 가격, 전화번호, 홈페이지 정보 등은 2011년 5월 기준으로 변동될 수 있습니다.
- 이 책에 소개된 파스타 레시피는 1인분을 기준으로 작성되었으며 2인분 이상일 경우에 별도로 표기하였습니다.
- 각 파스타집의 대표 메뉴를 기본으로 레시피를 선정하였으나 다양한 파스타 요리법을 소개하고자 일부는 셰프의 추천 메뉴를 실었습니다.
- 이 책의 레시피는 각 음식점의 셰프들이 직접 공개한 파스타 조리 과정과 요리법을 기본으로 작성되었습니다. 단, 독자의 편의를 고려해 일부 과정은 식품영양학을 전공한 저자가 정리하여 소개하고 있습니다.
- 파스타 면은 종류에 따라 삶는 시간이 다릅니다. 포장지에 표시된 시간을 기준으로 하되 원하는 면의 상태나 입맛에 맞게 시간을 조절하면 됩니다. 면을 삶을 때는 깊이가 있는 큰 냄비에 물을 2/3쯤 붓고, 맛을 봤을 때 짭짤한 정도로 소금을 넣습니다. 대개 물 1ℓ당 1큰술의 소금이 필요합니다.
- 이 책에서 사용한 1컵은 계량컵 기준으로 200cc이며, 종이컵으로는 1컵 가득 찰랑이게 담은 양입니다. 1큰술은 15g이며 어른용 밥숟가락에 소복하게 담은 정도입니다. 1작은술은 5g이며 찻숟가락에 소복하게 담은 정도입니다.
- 이 책에 표기된 외래어는 국립국어원에서 정한 외래어표기법 원칙에 따른 것입니다. 단, 음식점 정보 소개에서는 각 파스타집의 메뉴판에 나와 있는 요리명을 그대로 실었습니다.

contents

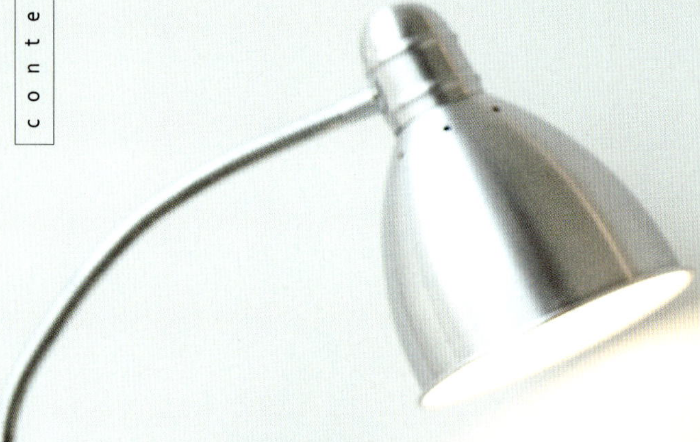

prologue 08
있으면 편리한 도구 12
파스타 만들기 기초 15

쫀득쫀득한 파스타 **지니에올리** 16
  훈제연어와 버섯으로 맛을 낸 페투치네 20
  홍합국물소스와 링귀네 22

별의별 밥을 다 파는 곳 **카페 잇** 24
  감자 크림 파스타 30
  나폴리탄 스파게티 32

엄마와 딸, 그리고 **브리스토** 34
  봉골레 파스타 40
  해산물 토마토 스파게티 42

'진짜 담백한' 맛을 찾아서 **돈 파스타** 44
  오징어 먹물 파스타 50
  링귀네 콜로리 52

유럽 배낭여행의 맛 **스테파니 카페** 54
  단호박 & 새우 크림소스 펜네 60
  사천식 매운 굴소스의 해산물 파스타 62

피렌체에서 온 접시 **그란 삐아띠** 64
  안초비 파스타 70
  키조개 파스타 72

비빔밥 같은 파스타 **뜨리앙** 74
  갑오징어 미소 파스타 80
  홍합 들깨 고추장 크림 파스타 82
  명란 오일 파스타 84

감사합니다 파스타 **라이크잇** 86
  할머니라구 파스타 92
  새우 바질페스토 파스타 94

우리, 출출한데 파스타나 먹을까 **시저** 96
  하노이 파스타 102
  해산물 토마토 파스타 104

터줏대감의 맛 **알로 페이퍼가든** 106
  머시룸 크림 파스타 112
  알리오 디 마레 114
  해산물 토마토 파스타 116

꽃남 3인방이 만들어 주는 파스타 **파머 파스타** 118
  아마트리차나 124
  볼로녜세 126

파스타도 패셔너블하게 르 카페	128	안심 토마토 파스타	134
		새우 올리브오일 파스타	136
		게살 크림 파스타	138
사치에 아줌마처럼 710 언어더맨	140	선드라이드 토마토 스파게티	146
		감베레티 스파게티	148
아침이 얼마나 바쁠까 카페 디미	150	올리브오일소스의 꽃게 페투치네	156
		볼로냐 스타일의 라사냐	158
통나무집의 비밀 알리오	162	칠리새우 토마토 파스타	166
		랍스터 오일 파스타	168
'타볼라 칼다' 이태리 면사무소	170	연어 크림 스파게티	178
		매운 주꾸미 스파게티	180
메이저와 마이너 사이 레드 브릭	182	펜네 아라비아타	186
		시금치 크림 파스타	188
		갈릭칩 파스타	190
카르보나라 만세 파스타	192	카르보나라	198
		펜네 로제 파스타	200
별 셋 파스타 8스텝스	202	레몬크림 & 치킨 파스타	206
		굴 파스타	208
언제나 그 자리에 성북동 두에꼬제	210	풍기 스파게티	214
		톤노 스파게티	216
차가운 섬에서 파스타를 만나다 푸실리	218	게살 크림 스파게티	222
		핫치킨 스파게티	224
여기, 파스타 한 그릇 추가요 안젤로스 파스타	226	오븐구이 삼겹살 토마토 파스타	232
		항정살 올리브 파스타	234
		단호박소스의 밤뇨키	236
뚝배기에 담긴 파스타 파리크라상 키친	238	뚝배기 해산물 파스타	242
		시림프 핑크 파스타	244
너에게 그런 '면'이? 호면당	246	소이밀크 누들	250
		누룽지 파스타	252
차가운 파스타의 추억 베키아 에 누보	254	블랙누들 파스타 샐러드	258
		펜네 토마토 샐러드	259
Index_각주	260		
Index_메뉴	261		

Friends of Pasta Dish
있으면 편리한 도구

집에서 파스타를 만들 때 좀 더 간편하고 근사한
테이블을 차리기 위한 친구들입니다.
반드시, 꼭 필요한 것들이 아니니 부담 갖지 마세요.

프레고
손이 잽싼 이라면 파스타 하나 만드는
것쯤이야 30분도 안 걸리겠지만
부엌에 익숙하지 않은 이들에게 프레고는
귀한 선물입니다. 마늘 맛, 버섯 맛 등
종류도 다양해요.

홀토마토
우리나라 토마토와 이탈리아 토마토는
좀 다릅니다. 물론 이탈리아에서도 토마토
종류가 50여 가지나 된다고 하지만 분명한
건 우리 토마토보다 더 빨갛고,
덜 시큼하다는 겁니다. 그래서 요리하기
알맞죠. 시큼한 맛이 괜찮다면 냉장고
채소박스에서 뒹구는 토마토도 좋지만
진한 토마토소스를 음미하고 싶으면 깡통에
든 홀토마토를 넣어 보세요.

와인
제가 방문한 모든 파스타집이 다 와인을 넣는
건 아니어서 깜짝 놀랐습니다. (그럼에도 맛이
좋다니요?) 그래도 해산물과 마늘의 비린내를
없애기 위해선 와인을 넣는 것이 좋겠죠.
요리와 와인에도 궁합이 있다는데 그것까지
알면 머리 아플 테니까 '가장 싼' 와인, '달지
않은' 와인을 넣는 것으로 만족하기로 해요.
좋은 와인은 직접 마시자고요!

재미있는 파스타
이탈리아에는 파스타디자이너까지 있다고 합니다. 요리사들이 사용하는
면은 대개 스파게티, 페투치네, 펜네, 푸실리 정도지만 가끔 지루할 땐
이렇게 곰, 코끼리, 기린, 사슴 등 동물원 잔치를 벌여도 좋겠어요. 아이들과
철없는 남편들이 좋아할 것 같습니다.

접시 & 볼
레스토랑에서 음식이 흰 접시에 나오면 뭔가 대접을 받고 있다는 생각이 들지만 집에서는 아기자기한 재미를 주기 위해 그림 있는 그릇에 담곤 합니다. 너무 정신없나요?

법랑 쟁반
재료를 준비할 때 냉장고에서 전부 꺼내기보다 쟁반에 조금씩 담으면 편리합니다. 요리하는 재미도 있고요. <카모메 식당>의 주인공 사치에도 비슷한 쟁반을 사용하더군요.

유리병
피클이 없으면 파스타 한 그릇을 비워도 뭔가 쓸쓸하단 생각이 듭니다. 그래서 저는 가끔 무와 오이를 사다가 피클을 담그기도 하는데 커다란 락앤락 통에 담아서 익으면 유리병 안에 넣어 놓습니다. 파르팔레나 펜네 면을 담아 두기도 편리하고요. 여러 곳에서 판매하는데 G마켓이나 옥션이 가장 쌉니다.

엑스트라 버진 올리브유
제가 찾은 거의 모든 파스타집에서 엑스트라 버진 올리브유를 사용하고 있었어요. 꼭 그걸 써야 하느냐고 묻자, 한 요리사가 알리오 올리오가 아니라면 포도씨유도 좋다고 했어요. 저는 가끔 추석 선물로 들어온 식용유로도 해 먹는데 살짝 느끼하더라고요.

포크 & 숟가락
포크와 숟가락 없는 집이 어디 있으랴만(저도 이렇게 생각했는데) 파스타를 만들어 준다고 해서 친구네 집에 놀러 갔는데 숟가락과 젓가락을 내주더라고요. 포크는 과일 먹는 것밖에 없다며. 맛에 영향을 주는 건 아니지만 젓가락은 너무 먹기 힘듭니다.

스파게티 계량기
처음에는 냄비받침인 줄 알고 샀다가
한참 만에 스파게티 계량기라는 걸 알게
되었지요. 물론 냄비받침으로도 사용
가능하고요. 가운데 구멍에 스파게티
면을 넣어 적당한 양을 측정하는 겁니다.
제일 작은 구멍이 1인분, 중간이 2인분,
큰 구멍이 3인분입니다. 아쉽게도 펜네와
푸실리는 측정을 못 합니다.

전자저울
엄마가 저울 쓰는 걸 한번도 본 적 없지만
요리 초보자에게는 저울이 필요합니다.
눈금 저울은 모양은 예쁘지만 자세히
들여다봐야 해서 시간이 많이 걸리더라고요.
1g까지 정확한 전자저울로 바꿨습니다.

타이머
파스타를 만들 때 가장 어려운 건 면 삶기입니다. 처음에는 소면과
비슷할 줄 알고 그 정도로 삶았다가 두 번 물을 끓이는 일이 발생했는데
생각보다 오래 삶아야 해서 깜짝 놀랐습니다. 셰프마다 알려 주는 시간이
조금씩 다르지만 타이머가 도와줄 겁니다. 다양한 시도를 통해
자신이 가장 좋아하는 면 익은 상태까지 알 수 있겠죠.

도시락가방
파스타는 식어도 나름의 맛이 남아 있습니다.
우리 조카는 식은 파스타를 더 좋아하고요.
파스타는 샐러드로도 만들 수 있으니
도시락에 담아서 나들이 한번 가는 건
어떨까요. 체크무늬 도시락가방은 가로수길
카렐(02-3446-5093)에서 구입했습니다.

허브
제이미 올리버가 요리하다 뒤뜰에 심어
놓은 허브 몇 줄기를 뽑아 오는 모습을
보고 허브 키우기에 맛 들였습니다.
파스타에 가장 많이 들어가는 허브는 단연
바질입니다. 말려서 갈아 놓은 향신료도
팔지만 싱싱한 바질을 넣는 게 더
맛있어요. 로즈메리는 주로 고기를 구울
때나 빵을 만들 때 넣습니다.

Making Pasta Easy!
파스타 만들기의 기초

미리 넉넉하게 조리해 두면 금세 맛있는 파스타 한 그릇을 뚝딱 만들 수 있는 토마토소스와 육수&국물 내는 법을 소개합니다. 토마토소스는 생토마토를 쓰는 방법과 홀토마토를 쓰는 방법 두 가지가 있으니 상황에 맞게 만들어 드세요. 파스타를 먹다가 모래 씹는 일이 없도록 단골로 등장하는 해산물 손질법도 함께 알아 두자고요.

- **생토마토로 만드는 토마토소스** (5인분)
  토마토 4개, 양파 1개, 마늘 3쪽, 월계수 잎 2장, 물 400㎖, 토마토 페이스트 4큰술, 소금·올리브유 약간씩
- **만들기**
  1 깊은 팬에 올리브유를 두르고 저민 마늘을 볶다가 다진 양파를 넣어 볶는다.
  2 다진 토마토, 토마토 페이스트, 물, 월계수 잎을 넣고 팔팔 끓기 시작하면 중간불에서 걸쭉해질 때까지 끓여 소금으로 간한다.

- **홀토마토로 만드는 토마토소스**
  홀토마토 200g, 양파 50g, 마늘 10g, 셀러리 1대, 월계수 잎·바질 잎 1장씩, 물 80㎖, 올리브유 약간
- **만들기**
  1 달군 팬에 올리브유를 두르고 다진 양파·마늘·셀러리를 달달 볶는다.
  2 볶은 채소에 홀토마토를 붓고 살짝 으깬 뒤 월계수 잎, 바질 잎을 넣어 중간불로 10~15분 정도 뭉근하게 끓인다.

- **닭 육수**
  닭 1/2마리, 물 3ℓ, 양파 1개, 대파 흰 부분 1대, 마늘 6쪽, 통후추 5개, 월계수 잎 2장
- **만들기**
  1 닭은 껍질과 지방을 제거하고 깨끗이 손질해 찬물에서 1시간 정도 핏물을 뺀다. 중간에 물을 한두 번 갈아 준다.
  2 냄비에 닭과 양파, 대파, 마늘, 통후추, 월계수 잎을 넣고 중간불에서 끓인다.
  3 한 번 끓어오르면 불을 약하게 하고 1시간 동안 푹 끓인 뒤 면포에 거른다.

- **홍합 국물**
  홍합 500g, 물 1ℓ
- **만들기**
  1 냄비에 손질한 홍합을 넣고 홍합이 잠길 정도로 물을 부어 끓인다.
  2 홍합 입이 벌어지면 끓어오르는 거품을 제거한 뒤 불을 약하게 하고 5분 정도 끓여 면포에 거른다.

- **조개 국물**
  바지락·모시조개 400g, 물 1.5ℓ
- **만들기**
  1 냄비에 손질한 조개를 넣고 조개가 잠길 정도로 물을 부어 끓인다.
  2 조개 입이 벌어지고 국물이 뽀얗게 우러나도록 10분 정도 중간불에서 끓인다. 중간 중간 끓어오르는 거품을 제거한다. 완성되면 면포에 거른다.

- **채소 국물**
  무 1/2통, 양파 2개, 당근 1개, 셀러리 1대, 파 뿌리 4~5개, 다시마 40g, 물 1.5ℓ
- **만들기**
  1 냄비에 깨끗이 씻은 채소를 넣고 채소가 잠길 정도로 물을 부어 끓인다.
  2 끓어오르기 시작하면 불을 약하게 하고 1시간 정도 뭉근하게 끓여 면포에 거른다.

해산물 손질법

- **갑오징어** 몸통을 갈라 석회질의 뼈와 내장을 제거한 뒤 흐르는 물에 씻는다.
- **굴** 무즙을 넣어 불순물이 흡수되도록 한 뒤 옅은 소금물에 헹궈 물기를 뺀다.
- **꽃게** 솔로 몸통 껍데기 부분을 깨끗이 닦아서 흐르는 물에 씻는다.
- **모시조개** 깨끗이 씻어 소금물에 반나절 이상 담가 해감시킨다.
- **바닷가재** 솔로 껍데기 부분을 깨끗이 닦아서 흐르는 물에 씻는다.
- **바지락** 맑은 물이 나올 때까지 문질러 씻은 뒤 소금물에 담가 검은 비닐봉지를 씌워 1시간 이상 해감시킨다.
- **새우** 이쑤시개로 등 쪽의 내장을 빼내고 옅은 소금물에 흔들어 씻는다.
- **오징어** 내장과 연골을 제거한 뒤 흐르는 물에 씻는다.
- **주꾸미** 머리 위쪽을 뒤로 젖혀 내장을 제거하고 밀가루에 소금을 약간 넣고 문질러 씻는다.
- **키조개** 입을 열어 속에 있는 불순물을 깨끗이 씻어 내고 내장을 제거한다.
- **홍합** 껍데기를 바락바락 문질러 씻어 지저분한 것을 떼어 내고 찬물에 헹궈 둔다.

all about taste

쫀득쫀득한
파스타

Jini e Olii

지니에올리

'지니'는 주인이 애지중지하는 아주 작은 고양이.
손님이 없을 땐 홀을 자유롭게 뛰어다니다가
손님이 있을 땐 자기 집으로 쏙 들어가 버리는 영리한
녀석이다.

광화문 김치찌개집이나 삼청동 먹쉬돈나라면 모를까 서울에서 파스타를 먹기 위해 줄을 서야 하는 일은 흔하지 않다. 길거리에 50% 쿠폰을 뿌린 것도, 파스타 국물에 6년근 홍삼 한 뿌리를 갈아 넣은 것도 아닐 텐데 시청역 근처의 지니에올리 앞은 종종 아주 붐비는 버스 정류장 같다. 지니에올리 셰프가 미슐랭에서 별을 받았다거나 카림 라시드가 인테리어를 했다는 얘기는 들어 본 적도 없다. 그럼에도 오픈하고 지금까지 5년 동안이나 꾸준히 사랑을 받는 이유는 분명 있을 것이다. 배고픔과 기다림의 줄다리기에서 열에 아홉 배고픔에 굴복하는 나로서는 응당 궁금하지 않을 수 없었다. "글쎄요. 주위에 외국계 회사들이 많다 보니 외국 손님들이 자주 찾으세요. 처음에는 그저 한국음식이 불편하신가 보다 여겼는데 6개월 정도 지나니까 줄을 서면서까지 기다리다 드시는 거예요. 한국에 잠깐 방문했다던 AIG생명 대표도 20분 동안 밖에서 기다리셨죠. 맥쿼리코리아의 존 워커 회장은 '작은 곳이지만 맛은 한국에서 최고'라며 단골이 되셨고요. 어느 순간 자신감이 생겨 더 열심히 하고 있어요." 배윤수 사장의 얘기다.

옹기종기 생면 먹는 시간

재미있는 사연 하나 없는 레스토랑이 어디 있겠냐만 배 사장이 지니에올리를 차리게 된 계기도 흥미롭다. 그녀는 원래 이탈리아 밀라노에서 디자이너로 살았다. 점심시간이 2시간이라 회사에서 내준 식권을 들고 이 집 저 집 드나들다 보니 자연스레 요리에 관심을 갖게 되었다. 그러던 어느 날 부잣집 친구 집에 저녁 초대를 받았는데 유일하게 동양인인 그녀에게 직접 반죽한 면으로 파스타를 만들어 줬다. 점심시간에 먹던 파스타와 달리 너무 쫄깃하고 신선한 느낌이라 언젠가 생면 파스타집을 내야겠다고 마음먹었다. 이탈리아에서 6년을 보내고 한국에 돌아와서도 여전히 디자이너로 일했는데 해외 출장 갈 때마다 새로운 맛집 찾아다니는 일이 그렇게 행복할 수 없었다. 그러다가 뉴욕 어퍼이스트에서 사람들이 줄을 서서 사 가는 생면가게를 유심히 보게 됐다. 청담동에 의상숍을 차리려다 지니에올리로 마음이 바뀐 반전의 순간이었다.
"치밀한 시장조사도 없었고 한국에서 '꽤 잘 된다' 하는 레스토랑의 음식 맛에도 신경 쓰지 않았어요. 내 기억 속의 음식들, 이탈리아에서 박수 치며 먹었던 음식들, 내가 넣고 싶은 요리로만 채웠죠." 1년을 꼬박 준비해도, 기상천외한 컨셉트를 동원해도 자칫 잘못하다간 길거리에 나앉을 수도 있을 만큼 음식점이 넘쳐 나는데 학교에서 요리를 배워 본 적도 없다는 그녀는 분명 행운아임에 틀림없다. 하지만 한편으론 그녀의 얘기 속에서 우리는 정답을 발견한다. 세계 최고의 셰프가 선보인 만찬이 아무리 근사하고 어마어마할 지라도, 그게 까막눈 할머니가 쓱쓱 무쳐 주신 김치비빔국수를 이길 수 없다는 걸 우리 모두는 알고 있으니까. 배윤수 사장은 자신이 그저 6년 동안 물리도록 먹었지만, 물리지 않은 손맛 요리를 재현한 것뿐이라고 했다. 물론 '재현'을 위해 이탈리아 친구들에게 수소문해 생면

뽑는 기계를 구입하고, 몇백 개의 레시피를 벽에 붙여 놓고 숱한 테스팅 과정을 거쳤지만 말이다. 그것도 아주 즐거운 마음으로. "다행히 맛에 대한 기억력이 좋은 데다 먹어 본 맛을 똑같이 만들어 내는 재주가 있거든요."

지니에올리의 단골인 맥쿼리 회장이 가장 좋아하는 요리로 '추파 디 살치차(Zuppa Di Salciccia·이탈리아 소시지가 들어간 수프 스타일의 파스타)'를 꼽았다지만 나는 '훈제연어와 버섯으로 맛을 낸 페투치네'와 '라사냐'가 제일 맛있는 것 같다. 페투치네는 크림소스인데도 느끼하지 않은 데다 잘 구워진 훈제연어에선 비린내가 전혀 나지 않는다. 찹쌀가루를 넣었을 리 없음에도 생면의 쫄깃함이 파문처럼 번진다. 라사냐는 뭐랄까. 토마토소스와 알맞게 익은 면의 비율이 훌륭하고 군더더기 없는 깔끔한 맛이면서 굉장히 쉽게 만들었을 것 같은 느낌?

그녀는 옷을 만들 때보다 지금이 더 기쁘다고 했다. 함께 일하는 셰프들도 5년 동안 한 번도 안 바뀌었다며 아이처럼 좋아한다. 레스토랑이 잘 돼 부러운 것보다 늘 기분 좋은 그녀가 부럽다. 그래서인지 이곳에 들어오면 나도 모르게 자꾸만 흥얼거리게 된다. 오블라디, 오블라다~!

data
address 서울시 중구 태평로 2가 341-2
telephone 02-776-1788
time AM 11:30~PM 11:00

price
신선한 해산물이 듬뿍 들어간
딸리아뗄레 13,000원
홍합국물소스와 링귀니 17,000원
훈제연어와 버섯으로 맛을 낸
페투치네 17,000원
고르곤졸라치즈와 신선한 루꼴라로
맛을 낸 링귀니 15,000원
생토마토와 베이컨, 치즈가 어우러진
하우스 피자 14,000원
신선한 루꼴라, 올리브 토마토,
파르미지아노 치즈 피자 16,000원
소고기와 토마토소스 그리고
치즈를 넣어 구운 라자냐 16,000원

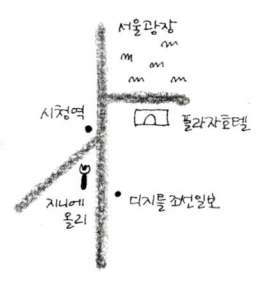

이탈리아 친구들에게 수소문해 구한 생면 뽑는 기계. 덕분에 이곳에서는 신선한 생면으로 만든 파스타를 즐길 수 있다.

pasta 01

훈제연어와 버섯으로 맛을 낸 페투치네

stuff
페투치네 생면 240g, 훈제연어 적당량, 표고버섯 1~2개, 생크림 400㎖, 올리브유 1큰술, 소금·후춧가루·화이트와인 약간씩

tip
페투치네 생면을 사용하면 쫄깃함이 더해지지만 없을 경우 제품으로 나온 건면을 써도 좋아요. 보통 생면은 건면에 비해 삶는 시간이 반 정도로 짧아 3~4분 정도 삶으면 적당해요.

1
달군 팬에 올리브유를 두르고 얇게 썬 표고버섯을 볶는다.

2
큼직하게 썬 훈제연어를 볶아 후춧가루를 뿌린다.

3
화이트와인을 부어 한 김 나가게 해 비린내를 없앤다.

4
생크림을 넣는다. 페투치네 생면은 끓는 소금물에 3~4분 정도 삶아 찬물에 헹구지 말고 건져 놓는다.

5
삶은 페투치네 면을 넣고 맛이 잘 배도록 조린 뒤 소금으로 간을 한다.

pasta 02

홍합국물소스와 링귀네

1
달군 팬에 올리브유를 두르고 다진 마늘을 넣어 볶는다.

2
다진 당근과 양파, 셀러리를 넣고 볶다가 페페론치노를 넣어 더 볶아 준다.

3
손질한 홍합과 물 1/2국자를 넣고 끓인다.

4
화이트와인을 부어 한 김 나가게 해 비린내를 없앤다.

5
토마토소스(p.15 참조)를 붓고 끓인다. 링귀네 생면은 끓는 소금물에 3~4분 정도 삶아 찬물에 헹구지 말고 건져 놓는다.

stuff
링귀네 생면 140g, 홍합 10~15개, 당근·양파 1/2개씩, 셀러리 1/2대, 토마토소스 1컵, 물 1/2국자, 다진 마늘·올리브유 1큰술씩, 페페론치노(또는 매운 고춧가루) 1작은술, 화이트와인·소금·후춧가루 약간씩

6
삶은 링귀네 면을 넣어 잘 풀면서 조린 뒤 소금·후춧가루로 간을 한다.

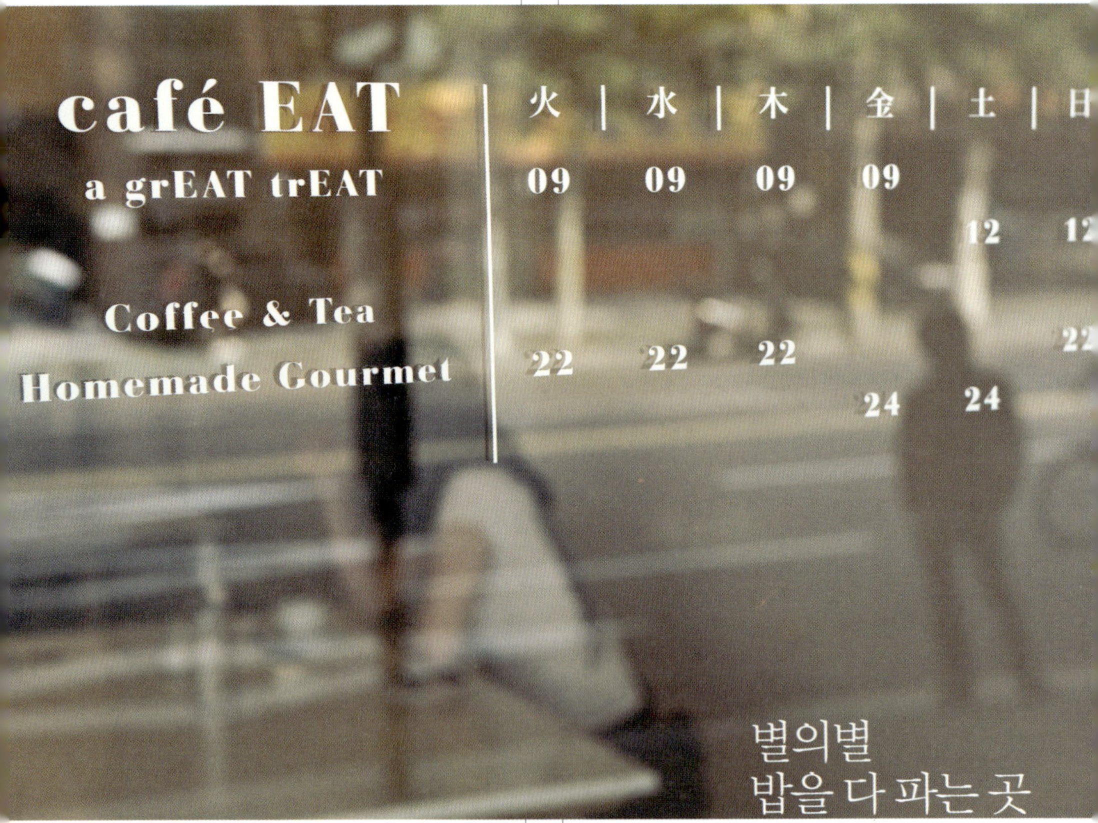

café EAT

a grEAT trEAT

Coffee & Tea
Homemade Gourmet

火	水	木	金	土	日
09	09	09	09		
				12	12
22	22	22		22	22
			24	24	

별의별 밥을 다 파는 곳

카페 잇 *Café Eat*

all about taste

요즘 카페에 오는 손님은 주인에게 "아메리카노에 시럽 좀 빼 주세요"라고만 주문하지 않는다. "이 집은 공정무역 커피를 안 쓰나 보죠?"는 그나마 귀여운 축에 속한다. 쇠고기버섯볶음밥에 들어가는 쇠고기가 호주산인지 뉴질랜드산인지, 매운 토마토 스파게티의 면을 펜네로 바꿔 줄 수 있는지, 돈가스덮밥 소스에 들어가는 당근을 빼 줄 수 있는지 등 엄마에게도 감히 물어볼 수도 없는 투정을 카페에서 부린다. 언제부터 카페 주인이 노래도 부르고 연기도 하고 개그도 하는 아이돌 스타처럼 팔방미인이 되었는지 모르겠다. 이게 다 카페에서 배를 채울 요기까지 팔기 시작하면서다. 이곳도 밥을 파는 카페다. 상수역과 합정역 사이, 지나가는 사람 10명 중 1~2명 정도만 "카페구나" 할 만큼 '카페 잇'은 갓 시집온 색시처럼 얌전히 자리하고 있다. 게다가 메뉴판에 〈6시 내 고향〉에서나 나올 법한 '곤드레밥'이 있으리라곤 생각조차 할 수 없다.

친구끼리 궁둥이를 붙이고 앉아도 들어갈 수 있는 인원은 최대 16명. 작은 공간이지만 대리석과 고급스러운 나무를 조화롭게 사용한 인테리어, 치밀한 계산에서 나온 효율적인 구조, 그래픽적인 메뉴판과 명함 등 아이맥 앞에서 고민했을 디자이너의 흔적이 녹아 있다. 오랫동안 웹디자이너로 살았던 '카페 잇'의 이지희 주인은 '디자인'이라는 업을 버리는 데 꽤 과감했다. 후회하지 않을 만큼 열심히 일했고, 밤샘하는 것에 비례해 통장 잔액도 쌓여 갔으나 몸과 마음은 지칠 대로 지쳤다고 했다. 자신이 디자이너면서 카페에 필요한 하나부터 열까지 '다른' 디자이너에게 맡긴 걸 보면, 디자이너로서 아주 행복한 삶은 아니었나 보다. "예전부터 요리하는 걸 좋아했어요. 취미로 요리를 배우면서 늘 미래의 제 카페를 상상하곤 했죠. 지금은 흔해졌지만 3~4년 전만 해도 밥을 내주는 카페가 거의 없었거든요. 프랑스요리, 이탈리아요리, 한식(궁중요리·반가요리까지)을 두루 섭렵했지만 가정요리에 특별한 매력을 느꼈어요. 화려한 서양요리는 워낙 잘하는 분들이 많아서이기도 했지만 가볍고 정답게 즐기는 음식에 저만의 감성을 담았다고 할까요. 물론 지금도 배워 가는 단계지만요."

왼쪽_ 플랏엠(flat.m)의 선정현 인테리어디자이너의 도움을 받은 '카페 잇'의 실내. 좁은 공간이지만 디자이너가 고심한 흔적이 엿보인다. 오른쪽_ '카페 잇'의 이지희 주인은 서양의 식기보다 투박하면서 정겨운 사기그릇을 주로 사용한다.

한 그릇에 담긴
봄, 여름, 가을, 겨울

편안하지만 제대로 된 음식을 대접하고 싶은 마음에 그녀는 계절마다 메뉴를 조금씩 바꾼다. 커피, 차 등의 음료를 제외한 메뉴라야 샐러드·애피타이저 몇 종류, 식사 몇 종류지만 샐러드와 식사에는 되도록 제철 재료를 활용하려고 애쓴다. 특히 가을에는 강원도에서 공수한 곤드레나물로 솥밥을 짓고, 입맛 없는 여름에는 일본 오키나와 지역을 장수마을로 이끈 일등 공신인 '여주(최근 당뇨에 뛰어난 효과가 있다고 알려지기 시작한 약용식물)'로 덮밥을 만들기도 한다. 볼품없고 거무튀튀한 곤드레나물, 못생기고 쓰디쓴 여주가 그녀를 만나 보기에도 먹음직스럽고, 실제로도 담백하고 맛있는 한 그릇 요리가 되는 모습이 신기하다. 마치 신인이 부르는 중독성 강한 노래처럼.

그렇다면 파스타는 어떨까. '끈적이는 소스를 그다지 좋아하지 않는다'라는 주인의 취향대로 토마토소스든 크림소스든 일단 질척이지 않는다. 대신 건더기 재료 인심은 후하다. 모둠버섯 파스타라면 면을 찾는 것보다 버섯을 찾는 게 쉽고, 해산물 파스타라면 싱싱한 새우와 홍합·조개 등이 풍성하다는 얘기다. 음식을 예쁘게 보이기 위한 색색의 고명도 없고, 파스타에 들어가는 재료 역시 냉장고 채소박스에서 뒹굴고 있는 것들이다. 그럼에도 트집 잡을 게 없을 정도로 간은 딱 알맞게 배어 있고, 깔끔한 맛의 큼직한 재료들은 싱싱한 데다 씹는 재미까지 더한다. '지나친 홈메이드 스타일 아냐?'라고 했던 투박하면서 오목한 사기그릇마저 포크를 테이블에 내려놓는 순간 그렇게 우아해 보일 수가 없다.

data
address 서울시 마포구 합정동 363-1
telephone 02-322-7810
time PM 12:00~PM 10:00
(월요일 쉼, 주말 PM 5:00~AM 12:00)

price
감자 크림 파스타 13,000원
토마토소스 파스타 12,000원
곤드레밥 7,500원
돼지고기소스 가지덮밥 8,000원
EAT 가든 샐러드 7,000원
요거트 당근 케이크 5,000원
아메리카노 4,000원

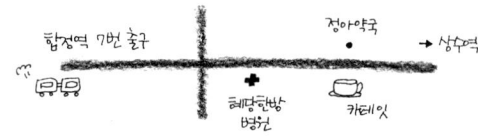

pasta 03

감자 크림 파스타

1
스파게티 면은 끓는 소금물에 8~10분 정도 삶아 찬물에 헹구지 말고 건져 놓는다. 브로콜리는 끓는 소금물에 데친 뒤 찬물에 헹궈 물기를 뺀다.

2
달군 팬에 올리브유를 두르고 편으로 썬 마늘을 향이 날 때까지 볶다가 어슷 썰기 한 아스파라거스를 볶는다.

3
먹기 좋은 크기로 자른 햄, 파프리카, 양송이버섯, 데친 브로콜리를 넣어 볶는다.

4
삶은 스파게티 면을 넣어 젓가락으로 잘 저으면서 볶는다.

5
감자 크림소스와 버터를 넣고 소스가 재료에 배도록 조린다.

6
소금과 후춧가루로 간을 한 뒤 접시에 담고 파슬리가루를 뿌린다.

stuff
스파게티 면 80g, 양송이버섯 2개, 아스파라거스 1대, 마늘 1쪽, 브로콜리 2~3조각, 빨강 파프리카·노랑 파프리카 1/4개씩, 슬라이스 햄 1장, 감자 크림소스 1컵, 올리브유·버터 1큰술씩, 소금·후춧가루·파슬리가루 약간씩

감자 크림소스 감자 120g, 양파 1/2개, 마늘 1쪽, 마른 홍고추 2개, 닭 육수 1컵, 생크림 1½컵, 우유 1/2컵, 올리브유 3큰술, 소금·후춧가루 약간씩

┉▶ 감자 크림소스 만들기
1. 양파와 마늘은 다지고, 감자는 껍질을 벗겨 2등분해 반달 모양으로 얇게 썬다.
2. 홍고추는 반으로 잘라 씨를 빼고 잘게 썬다.
3. 팬에 올리브유를 두르고 마늘과 홍고추를 넣어 향이 날 때까지 볶는다.
4. 양파를 넣고 1분 정도 더 볶는다.
5. 감자를 넣고 2분 정도 볶다가 우유, 닭 육수를 넣고 감자가 부드러워질 때까지 익힌 다음 그대로 식힌다.
6. ⑤의 재료를 믹서에 갈아 생크림과 함께 팬에 넣어 1분 정도 끓인 뒤 소금과 후춧가루로 간을 한다.

나폴리탄 스파게티

stuff

스파게티 면 80g, 소시지 1개, 베이컨 1장, 양파 1/4개, 피망 1/3개, 양송이버섯 2개, 껍질콩 3~4개, 나폴리탄소스 1컵, 올리브유·버터 1큰술씩, 소금·후춧가루·파슬리가루·파르메산 치즈 약간씩

나폴리탄소스 시판용 토마토소스·토마토케첩 적당량

···▶ 나폴리탄소스 만들기
시판용 토마토소스와 토마토케첩을 1:4 비율로 섞는다.

1
스파게티 면은 끓는 소금물에 8~10분 정도 삶아 찬물에 헹구지 말고 건져 놓는다. → 취향에 따라 면 삶는 시간을 조정한다.

2
달군 팬에 올리브유를 두르고 한입 크기로 썰어 놓은 베이컨과 소시지를 볶는다.

3
노릇하게 되면 길게 썬 양파와 양송이버섯, 채썰기 한 피망, 껍질콩을 넣고 1분 정도 볶는다.

4
삶은 스파게티 면과 버터를 넣어 고루 섞는다.

5
나폴리탄소스를 넣는다.

6
소스가 잘 배도록 조리면서 소금과 후춧가루로 간을 한 뒤 접시에 담고 파슬리가루와 파르메산 치즈를 뿌린다.

all about taste

엄마와 딸, 그리고
브리스토 Bristot

위_ 조리대 위에 걸려 있는 파스타 그릇들. 붉은 벽돌과 어울려 운치를 더한다.
아래_ 페퍼민트, 라벤더, 캐모마일, 바질 등 이탈리아요리에 쓰이는 다양한 향신료가 선반 위에 놓여 있다.

**종종
브리스토 2층에
앉아 있노라면**

**이방인이
된 기분이다.**

공간이 좁은 데다 1층과 2층이 뚫려 있는 구조라 데시벨이 조금만 높으면 모든 테이블의 수다 소리가 다 들릴 지경인데 들어오는 손님마다 주인과 안부인사를 주고받는다. 어머니는 잘 계시는지, 아픈 곳은 다 나았는지, 지난 주말에 어딜 다녀왔는데 진짜 좋았다든지…. 저잣거리의 국밥집 풍경이 이러했을까. 두어 달에 한 번꼴, 친한 선배를 만나러 갈 때만 들르는 곳이지만 이 집의 파스타를 맛볼 때면 근처에 쪽방이라도 내어 작업실로 쓸까 하는 생각이 치민다.
브리스토는 아주 작은 곳이다. 다락방 같은 계단, 테이블 모서리에 놓인 물컵을 피해 내 자리까지 왔을 땐 거대 비만 판정을 받지 않은 게 천만다행으로 여겨진다. 브리스토가 있는 충정로 골목도—사실 일렬종대로 걸어야 하는 이 좁은 골목엔 알고 보면 귀한 맛집들이 숨어 있다— 남루하기 이를 데 없다. 반경 100m 밖의 눈부신 새 건물들을 보면 이 골목은 마치 전세역전 위기에 처한 마지막 요새 같다. 그럼에도 이 지역의 많고 많은 직장인이 브리스토를 찾아 자신의 사무실 책상보다 더 좁은 테이블에서 낮에는 파스타와 커피를, 밤에는 와인을 즐긴다.

깊고 진한 소스의 맛

자장면과 짬뽕 사이에서 망설이듯 브리스토의 메뉴판 앞에서도 크림소스냐 토마토소스냐를 두고 고민에 빠진다. 대개 이곳에서만큼은 난 토마토소스를 선택하는 편인데 다른 곳에 비해 질감이 쫀득하고 은근하면서 깊은 맛이 느껴지기 때문이다. 접시에 남은 소스는 빵을 찍어 먹기에 딱 좋은 농도다. 파스타가 슬로푸드의 대명사란 얘기는 들어 본 적이 없는데 묽은 국물을 낮은 불에서 오래 끓여 걸쭉하게 된 느낌이랄까. 이게 이탈리아 정통의 맛인지는 사실 잘 모르겠지만.
"신선한 해산물은 기본이고요. 토마토소스를 아주 공들여 만들어요. 향신료와 페이스트를 넣지 않고 토마토, 양파, 마늘 등을 넣고 1시간 반 동안 끓이거든요. 오래 끓이면 그만큼 깔끔하고 깊은 맛이 나요. 자칫 느끼해질 수 있는 맛이나 해물의 좋지 않은 냄새를 없애고 향도 좋아지죠." 함모란 주인의 얘기다. 5년째 엄마와 함께 이곳을 지키고 있는 그녀는 학생 때부터 스트레스를 요리로 풀었다고 한다. 특별히 배운 건 없지만 좋은 재료를

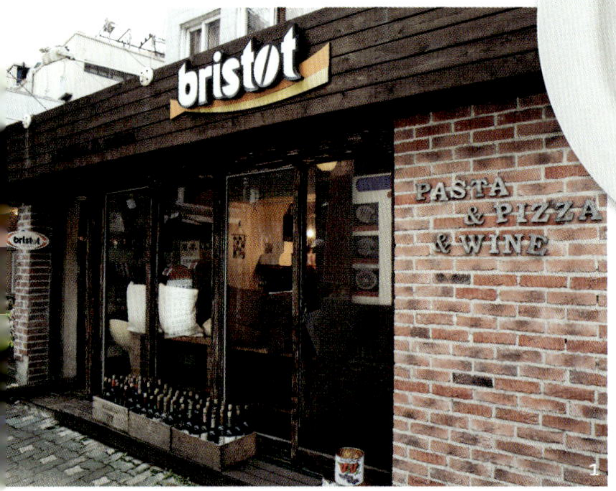

1

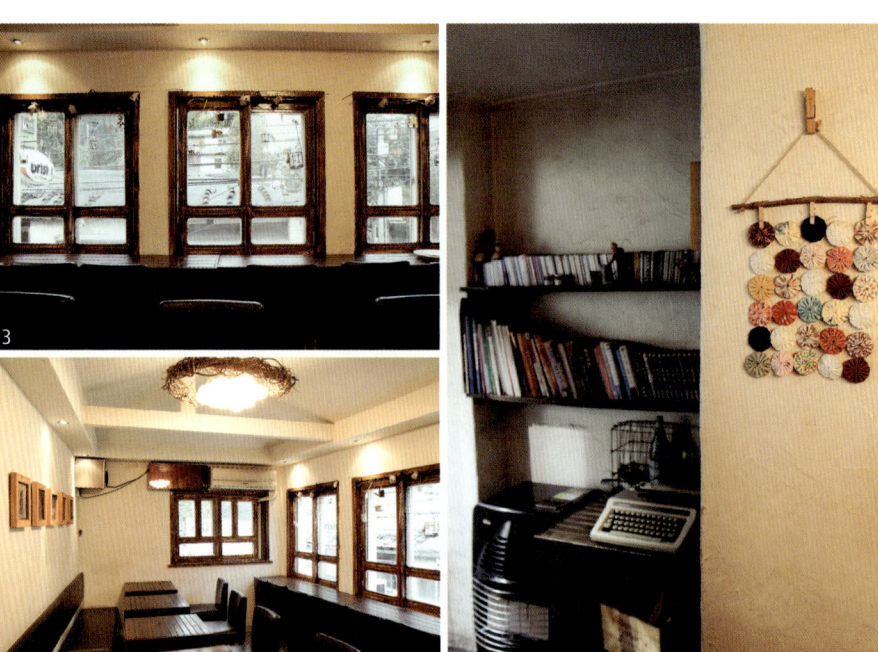

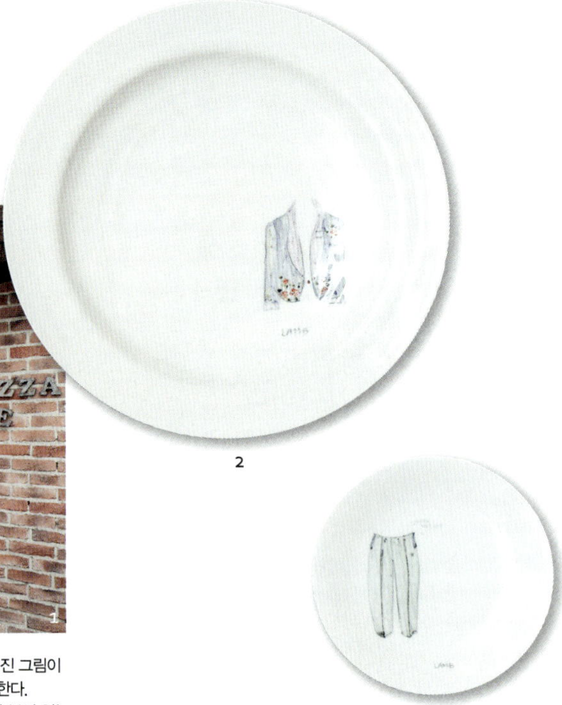
2

1 충정로 아주 작은 골목에 자리한 브리스토. 2 접시에 그려진 그림이 참 재밌다고 생각했는데 지인의 가족이 손수 만들어 줬다고 한다. 3 2층 창가에서 바라본 건너편 풍경이 아름답다. 4 다닥다닥 붙어 있는 공간이지만 전혀 불편하지 않고 오히려 정겹다. 5 주인의 취향대로 꾸민 소박한 실내.

3

4

5

넉넉히 사용하고 내 입에 맛있어야 한다는 걸 원칙 삼아 자신만의 살을 더해 메뉴를 만들었다. 처음엔 카페를 할 요량에 커피와 샌드위치점으로 문을 열었으나('브리스토'는 이탈리아 커피 브랜드다) 해산물 스튜와 라사냐를 선보였더니 반응이 좋아 조금씩 가짓수를 늘려 지금의 모습으로 완성한 것이다.

자신의 공간을 갖고 싶었기에 실내는 그녀의 취향대로 꾸몄다. 고급스럽거나 트렌디하다고 결코 말할 수 없으나 구석구석 알차다. 인테리어 관련 일을 하는 오빠의 도움을 받아 모든 가구를 직접 만들고 색칠했으며 여행 다니며 구입했던 물건들과 새벽시장을 돌아다니며 산 장식품으로 허전함을 메웠다. 접시에는 소박하고 귀여운 그림이 그려져 있는데 계동에 사는 그녀의 지인이 손수 만들어 준 거란다.

"우연히 계동의 옷가게에 들르면서 주인과 인연을 맺게 됐어요. 그곳 아드님이 디자인한 옷을 어머니가 그릇에 그리고 아버지가 구워 주셨지요. 가족 전체가 도와주신 겁니다." 〈대추나무 사랑 걸렸네〉류의 에피소드는 여기서 끝나지 않는다. "한번은 추운 겨울날 가게 문을 열기도 전에 근처에 사는 젊은 부부가 저를 기다리시고 계셨어요. 아침에 갓 구운 빵을 제가 따뜻하게 먹을 수 있도록 가지고 오신 거예요." 그녀 역시 가까운 곳에 유기견 50마리를 키우는 분이나 식당을 운영하는 분들에게는 배달도 간다. 가끔 거나하게 취한 손님이 들어오면 커피나 차를 내드린다. 봉골레 파스타 국물에 밥 말아 드시는 손님을 위해 밥도 짓는다. 봉골레 파스타는 신선한 조개 국물로 맛을 낸 소스에 이탈리아 고추인 페페론치노를 넣어 매콤함을 더해서 해장용으로도 손색없다. 하지만 이 모든 건 안타깝게도 월·화·수·목·금요일만이다. "주말과 공휴일 모두 쉬어요. 체력이 별로 좋지 않아 컨디션이 안 좋을 땐 요리를 하지 않거든요. 제가 즐겁고 행복해야 음식 맛도 맛있게 나오는데 피곤한 상태에서 만들면 그 맛이 안 나오더라고요. 그래도 죄송할 따름입니다."

data
address 서울시 서대문구 충정로 3가 256번지
telephone 02-362-5006
time AM 11:30~AM 12:00(주말·공휴일 쉼)

price
해산물 토마토 스파게티 9,500원
봉골레 파스타 11,000원
루꼴라를 곁들인 훈제오리 샐러드 14,000원
해산물 스튜 11,000원
포테이토 크림 피자 13,000원

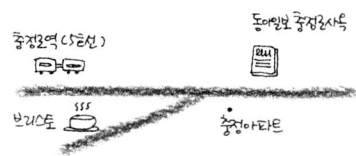

pasta 05

봉골레 파스타

1
팬에 편으로 썬 마늘, 페페론치노를 넣고 재료가 잠길 정도로 올리브유를 두른 뒤 볶는다. → 페페론치노가 타지 않게 주의한다. 마늘과 페페론치노를 잘 볶아야 풍미가 좋아진다.

2
마늘이 노릇해지면 손질한 모시조개를 넣어 살짝 볶아 준다.

3
화이트와인을 넣고 와인 향이 잘 보존되도록 뚜껑을 닫은 채로 모시조개 입이 벌어질 때까지 익힌다.

4
스파게티 면은 끓는 소금물에 8~10분 정도 삶아 찬물에 헹구지 말고 건져 놓는다.

5
모시조개가 입을 벌리면 뚜껑을 열고 20~30초 더 끓인 뒤 삶은 스파게티 면을 넣고 젓가락으로 저으며 조린다.

stuff
스파게티 면 150g, 모시조개 (큰 것) 10개, 바질 잎 4~5장, 마늘 3~4쪽, 페페론치노(또는 매운맛 나는 마른 고추) 1~2개, 올리브유·화이트와인(드라이한 것) 1컵씩, 소금·후춧가루 약간씩

6
바질 잎과 후춧가루를 넣고 뒤적여 준다. 모시조개가 짭조름해 소금 간을 하지 않아도 되나 기호에 따라 넣어도 된다.

pasta 06

해산물 토마토 스파게티

1
팬에 편으로 썬 마늘, 페페론치노를 넣고 재료가 잠길 정도로 올리브유를 두른 뒤 볶는다.

2
마늘이 노릇해지면 손질한 홍합, 모시조개, 원통 모양으로 썬 오징어, 칵테일새우, 흰 생선 살을 넣고 살짝 볶아 준다.

3
화이트와인을 넣고 와인 향이 잘 보존되도록 뚜껑을 닫은 채로 모시조개 입이 벌어질 때까지 익힌다.

4
스파게티 면은 끓는 소금물에 8~10분 정도 삶아 찬물에 헹구지 말고 건져 놓는다.

5
해산물이 익으면 삶은 스파게티 면을 넣는다.

stuff
스파게티 면 150g, 홍합 3~4개, 칵테일새우 3~4마리, 모시조개 2~3개, 오징어 1/3마리, 흰 생선 살 2조각, 바질 잎 4~5장, 마늘 3~4쪽, 페페론치노(또는 매운맛 나는 마른 고추) 1~2개, 토마토소스 2국자, 올리브유·화이트와인(드라이한 것) 1컵씩, 소금·후춧가루 약간씩

6
토마토소스(p.15 참조)를 넣고 젓가락으로 저으면서 조린 뒤 소금과 후춧가루로 간을 하고 바질 잎을 넣는다.

all about taste

'진짜 담백한' 맛을 찾아서

돈 파스타
Don Pasta

왼쪽_ 돈 파스타의 실내. 위_ 돈 파스타 벽에 걸린 재미있는 사진 하나. 풍채 좋은 이탈리아 남자가 정신없이 파스타를 먹고 있다.
포크로 집은 파스타의 양을 보라! 아래_ 파스타의 고향 이탈리아의 지도. 돈 파스타의 주인 부부는 매해 가을마다 이탈리아로 여행을 떠난다.
11개월 동안 이 지도를 보며 이탈리아를 그리워하는 걸까.

위_ 미술에도 조예가 깊은 돈 파스타의 주인 부부는 실내의 벽에 그림을 걸어 고즈넉한 분위기를 만들고 있다.
아래_ 여행하다가 산 소품들이 벽면을 아기자기하게 장식하고 있다.

분당에서 잠깐 혼자 산 적이 있다. 그때 친하게 지내던 후배가 '궁극의 맛집'이라며
데려간 곳이 서현에 자리한 돈 파스타다. 복잡한 상가건물 2층인 데다 살짝 1990년대 풍
프랜차이즈 같은 분위기에 적잖이 실망하던 차였는데 주인아주머니의 살가움과 주방에서
바쁘게 움직이는 아저씨, 포크와 나이프를 마른 수건으로 닦고 있는 딸의 모습에 마음이
조금씩 녹았다. 가족이 함께 운영하는 파스타집의 파스타는 과연 어떤 맛일까. 지금 와서
생각해 보면 그날의 맛에 대한 기억은 조금 색달랐다. '맛있다' '맛없다'라는 혀의 감각이
아닌, 뭐랄까. '부부의 삶이 이토록 낭만적일 수도 있구나' 하는 '부러움의 맛'이었다고 할까.
전종규·이정임 주인 부부는 가을, 정확히 9월이 되면 유럽으로 떠난다. 5박6일, 6박7일
패키지 여행이 아니다. 짧게는 한 달, 길게는 몇 달 이탈리아 남부에서 스페인, 그리스
등지를 다니며 골목에 숨어 있는 식당을 찾아 맛을 보고 아이디어를 얻으며 시장에서 장도
본다. 11년 전 문을 열고 한 번도 거른 적이 없다. '한국인이지만 이탈리아 입맛을 갖기
위해서'라는 주인아저씨의 단순 명쾌한 대답에 바로 고개를 끄덕일 수 없는 이유는 "그럼,
그동안의 영업은?"이라는 의문이 자연스럽게 따라오기 때문이다. 놀랍겠지만 돈 파스타의
가을은 없다. 찬 바람이 불고 잎사귀에 붉은 물이 드는 동안, 그들은 지중해의 푸른
하늘과 바다와 음식과 문화로 몸과 영혼을 채우고 돌아온다. 그리고 우리는 식당에 앉아
베네치아의 명물 오징어 먹물 파스타를 비롯해 이탈리아 남부 시칠리아의 자연스럽고
소박한 맛을 음미하며 그들 부부의 여행에 동참한다. 내년, 내후년엔 파스타에 또 어떤
이야기, 어떤 맛을 담을지 기대하며….

욕심이 없고 마음이 깨끗하다?
무슨 단어의 뜻일까.

혹시 '담백(淡白)한 맛'이 어떤 맛인지 알고 있나. '참크래커'가 처음 나왔을 때 '담백한
맛'이라는 광고 문구를 보고 그 맛이 어떤 맛일까 궁금해 사 먹은 적이 있다. 3개 정도
먹고 나머지는 딸기잼에 몽땅 찍어 먹은 뒤에야 나는 '담백한 맛이란 뭔가 완벽하지 않고
싱거운 맛'이라 결론 내렸다. 시간이 지나고 좀 더 다양한 요리를 맛보게 되면서 담백한
맛의 의미 속에 '두고두고 생각나는 맛'을 첨가하긴 했지만 여전히 난 뭔가 임팩트가
없거나 주재료보다 부재료가 많지 않은 요리를 두고 '담백하다' 얘기하곤 한다.
맛에 일가견이 있는 많은 블로거가 돈 파스타의 파스타를 두고 '담백한 맛'이라 부른다.
향신료에 따라 매운맛이 달라지듯 '담백한 맛'의 종류도 여러 가지일 터. 오너 셰프인
주인아저씨의 속 깊은 얘기가 너무 흥미로워 그대로 옮길 테니 '돈 파스타만의 담백'의
의미를 헤아려 보는 건 어떨까.

"새로운 일을 찾는 와중에 지인이 당시(1995년) 파스타 전문점인 쏘렌토에 데려갔어요. 밝은 분위기와 원목 인테리어가 예뻐 나도 하고 싶은 마음이 들더라고요. 정식으로 유학비자를 받아서 밀라노 요리학교에 들어갔어요. 가족적인 이탈리아요리를 하는 이들을 통해 음식은 물론 그들의 문화까지 배울 수 있었죠. 이탈리아사람 집에서 생활했는데 주방을 자유롭게 쓰겠다는 게 제가 내건 조건이었어요. 학원에서 음식 4가지를 배우면 다음 날 주방에서 연습할 수 있도록 말이죠. 커리큘럼이 끝나고 남부 지방에 내려가 가정요리도 배웠어요. 눈만 감아도 파스타가 떠오를 정도로 열심히 했던 것 같아요."

"분당 서현에서 테이블 4개의 작은 파스타집을 열었습니다. 완전 초보라서 정신없이 지냈어요. 손님들이 소문내고 지원해 줘서 3년 만에 확장했고요. 처음부터 화학조미료를 쓰지 않은 게 큰 점수를 받았어요. 조미료를 안 쓰고 천연재료만으로는 사실 100% 사람들에게 익숙한 맛있는 맛을 낼 수 없어요. 10% 화룡점정을 찍는 게 바로 조미료입니다. 그래서 제 음식은 늘 20% 맛의 여백을 남기죠. 입에 달라붙거나 달짝지근하지도 않아요."

"10년 넘는 동안 제 주방에는 천연조미료(육수)는 있어도 화학조미료는 없어요. 사실 음식에 정답이 어디 있겠습니까. 그저 제 입맛을 믿는 거죠. 음식에는 재료를 이어 주는 연결고리가 필요한데 그 연결고리를 어디서 찾느냐에 따라 한식도 되고 양식도 되는 겁니다. 그중 하나가 허브 같은 양념이에요. 조미료는 만국 공통이고 중독성이 있기 때문에 이탈리아사람과 같은 마음으로 조미료 통을 허브로 채웁니다."

"파스타는 원래 요리가 아닙니다. 고기를 먹기 전 탄수화물 공급원이 바로 면이었어요. 면을 접시에 내놓으면서 하나의 요리가 된 거죠. 괴테가 쓴 여행기를 보면 면을 삶아 치즈만 넣어서 먹는 장면이 나와요. 결국 산해진미가 중요한 게 아니라 면이 중요하다는 얘기입니다. 삶은 면에 햄 하나 얹어 먹어도 맛있어야 그게 파스타인 것입니다."

그는 단골손님에게 종종 파스타 만드는 법을 알려 준다(분당에서 계속 살았더라면 나도 한두 가지 정도 흉내 내 볼 수 있을 텐데…). 오리지널에 가까운 맛을 내기 위해 웬만한 재료를 유럽에서 수입하고, 만들 수 있는 건 무엇이든 만들고(허브 아이스크림까지!), 그것도 모자라 혀의 감각을 위해 1년에 한두 달 아내와 함께 먼 길을 떠나는 요리사. 이보다 어떻게 더 정성과 공을 들일 수 있을까. 사전에서 '담백'이란 단어를 찾아보고 나는 새로운 의미 하나를 알게 됐다. 1 욕심이 없고 마음이 깨끗하다. 2 아무 맛이 없이 싱겁다. 3 음식이 느끼하지 않고 산뜻하다. '진짜 담백한 맛'이란 20% 맛의 여백, '욕심이 없고 깨끗한 마음에서 나오는 맛'이다. 돈 파스타처럼.

data
address 경기도 성남시 분당구 서현1동 250-4 금호리빙빌딩 2층
telephone 031-701-2155
time PM 12:00∼3:00, PM 6:00∼10:00
(월요일 쉼, 정기휴가 9월)

price
링귀니 꼴로리 19,000원
시칠리 스파게티 15,000원
프로슈토 파스타 20,000원
새우 링귀니 16,000원
치즈 프로볼로네 15,000원
해물 투명 스파게티 18,000원
오징어 먹물 파스타 20,000원

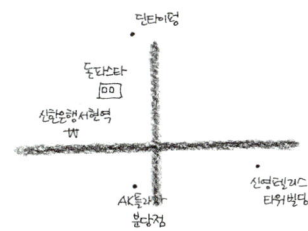

오징어 먹물 파스타

1
달군 팬에 올리브유를 두르고 편으로 썬 마늘을 구워 향을 낸 뒤 마늘은 버린다.

2
손질한 바지락, 홍합, 오징어 살, 새우를 넣어 센 불에서 살짝 익힌다.

3
해산물에 화이트와인을 부어 한 김 나가게 해 비린내를 없앤다.

4
따뜻한 물 3큰술에 풀어 체에 걸러 둔 오징어 먹물을 붓는다.

5
고루 섞이면 소금과 후춧가루로 간을 맞춘다.

6
오징어 먹물로 반죽한 생면으로 파스타를 만들어 끓는 물에 면이 쫄깃해질 정도로 삶는다.

stuff
오징어 먹물로 반죽한 생면 120g, 바지락·홍합·새우·오징어 살 약간씩, 마늘 1쪽, 올리브유·화이트와인 1큰술씩, 오징어 먹물 0.5작은술, 파슬리가루·소금·후춧가루 약간씩

tip
오징어 먹물로 반죽한 생면이라야 제맛이 나지만 없을 경우 제품으로 나온 면을 사용해도 된다. 단 '알덴테'로 하면 맛이 덜하다.

7
면이 떠오르면 건져서 ⑤와 버무린다.

8
조리되면 파슬리가루를 살짝 뿌린다.

pasta 08

링귀네 콜로리

1
달군 팬에 올리브유 1큰술을 두르고 얇게 썬 표고버섯을 볶는다.

2
데쳐서 3~4cm 길이로 자른 아스파라거스와 선드라이드 토마토를 넣고 볶아 준다. → 방울토마토를 오븐에 구워 사용해도 된다.

3
링귀네 면은 끓는 소금물에 알덴테로 삶아 찬물에 헹구지 말고 건져 놓는다. 면 삶은 물은 따로 둔다.

4
다른 팬에 올리브유 1큰술을 두르고 삶은 링귀네 면을 넣어 소금, 후춧가루로 간을 한다.

5
링귀네 삶은 물 1/2국자를 부어 살짝 더 끓인다.

6
접시에 담고 볶은 채소와 파르메산 치즈를 올린다.

stuff
링귀네 면 90g, 표고버섯 2개, 아스파라거스 2대, 선드라이드 토마토 적당량, 올리브유 2큰술, 파르메산 치즈 1큰술, 소금·후춧가루 약간씩

스테파니 카페

all about taste

유럽
배낭여행의
맛

Stephanie Café

스테파니를
알게 된 건
누군가의 블로그에서 본

'핑크 스파게티'
때문이었다.

지구를 통틀어 핑크 요리가 몇 개나 있을지 모르겠으나 솔직히 난 '핑크 요리'에 대해 안 좋은 기억이 있다. 언젠가 우즈베키스탄 음식점에서 '보르스치(Borsch·러시아와 폴란드에서 즐겨 먹는 수프로 육수에 채소를 큼직하게 썰어 넣어 만든다)'를 주문했다가 여간해서 떨어지지 않는 식욕이 제로가 되는 순간을 발견했다. 맛은, 굳이 따지자면 '아주 기름진' 우리의 쇠고기뭇국과 비슷하다. 문제는 색이다. 큼직한 고깃덩어리와 베이컨, 푹 익은 채소, 입자가 거친 기름이 '뜨끈한 딸기우유' 속에 둥둥 떠 있는 풍경은 쉽게 받아들여지지 않았다.
함께 간 후배가 "이거 핑크 노끈을 실수로 냄비에 집어넣은 건 아니겠죠?"라고 말하지만 않았더라면 두세 숟가락 정도 더 뜰 용의는 있었다. 코 막으면 두리안도 먹을 수 있는데, 이건 눈을 감고 먹어야 하나? 리표시카(Lepyoshka·밀가루 반죽을 화덕에 구워 만든 빵인 '난'을 우즈베키스탄에서 부르는 말)와 홍차만 찔끔대다가 결국 문을 나서면서 이런 생각을 했다. 오각이 총동원되지 않은 요리는 결코 아름다울 수 없다고.
핑크 요리에 대한 나의 트라우마를 단번에 날려 준 것이 바로 스테파니 카페의 비트 크림 파스타다. 핑크는 시각의 색이지 미각의 색은 아니라는 확신이 3년 만에 무너진 것이다. 이상하게 이 비트 크림 파스타는 처음부터 두뇌에서 거부반응이 일어나지 않았다. 오히려 어서 빨리 먹고 싶은 마음뿐이었다. 쉽게 손이 가지 않았던 보르스치와 보자마자 달려들게 되는 비트 크림 파스타. 똑같은 핑크 음식인데 파스타는 괜찮고 우즈베키스탄의 가정식은 안 괜찮은 이유가 뭘까. 단순한 부재료의 문제일까, 혹시 문화적 헤게모니는 아닐까.
이유야 어떻든 스테파니 카페의 명예를 한층 높이고 있는(개점한 지 6개월 만에 2호점이 문을 열었다) 비트 크림 파스타를 남김없이 먹으며 난 보르스치에 다시 한 번 도전해 봐야겠다는 다짐을 했다.

약간 정신없고 복잡한 듯 보이는 스테파니 카페의 실내. 그래도 이곳에 앉아 있으면 칠판의 내용에 자꾸만 눈길이 간다. 메뉴 그림과 가격은 물론 새로운 요리에 대한 친절한 설명에서 주인의 따뜻함이 느껴진다.

data
address 서울시 강남구 신사동 563-2
telephone 02-512-8579
time AM 11:30~AM 12:00
homepage www.stephaniecafe.com

price
단호박 & 새우 크림소스 펜네 18,000원
사천식 매운 굴소스의 해산물 파스타 17,000원
알리오 올리오 13,000원
비트 크림 파스타 15,000원
단호박 새우 리조또 17,000원
오징어 먹물 파스타 18,000원
시저 샐러드 12,000원
상그리아 8,000원
자몽주스 4,800원

손님이 원하면 그 자리에서 뚝딱,
홈메이드 오개닉 스타일

스테파니 카페의 김세영 주인은 몇 년 전까지 시드니에서 패션디자이너로 살았다. 월요일부터 금요일까지는 옷 속에 파묻혀 지내다가 주말이 되면 친구들과 함께 집에서 요리를 해 먹거나 맛집 순례에 나섰다고 한다. "외국인들은 단골 카페를 하나씩 갖고 있잖아요. 카페에 들러 커피 한 잔으로 하루를 시작하고, 타르트와 스콘으로 출출함을 달래며, 상그리아(Sangria·포도주에 소다수와 레몬즙을 넣어 희석시켜 만든 술)나 맥주 한 병으로 하루를 마감하죠. 추리닝 바람으로 가도, 머리에서 물이 뚝뚝 떨어져도 이상할 게 없어요. 카페는 생활의 일부니까요." 외국 같은 카페문화를 만들고 싶어 그녀는 '요리'라는 새로운 분야에 뛰어들었고, 요리학교 대신 레스토랑의 주방을 찾았다. 그래서인지 이곳의 모든 음식은 여행지의 기억을 떠올리게 한다. "저의 롤 모델인 레이철 레이도 요리학교를 거치지 않고 세계적인 스타가 됐거든요."

전문 셰프는 아니지만 홈메이드 오개닉 스타일을 고집하는 꼼꼼함은 전문 셰프 못지 않다. 빵과 케이크에는 방부제와 첨가제를 하나도 넣지 않고, 음식 재료의 맛을 살리고자 조리 과정은 최대한 짧게 줄인다. 숱한 테스팅을 거쳐 레시피를 완성하지만 대개 음식을 만들고 빵을 굽는 이는, 열정 하나만 보고 뽑은 직원들이다. 아기자기한 주방에서 들려오는 호칭도 '언니' '오빠' '형' '누나'. 소박한 스타일을 좋아하고 음식에 대한 재미와 도전정신이 가득하며, 요리의 정신, 오개닉의 기본을 지키면서 즐거움을 공유하자는 데 동의한 이들이다. 더욱이 편안한 분위기를 위해 손님이 채소를 빼 달라고 하면 다른 재료로 대신하고, 양 좀 넉넉히 달라고 하면 접시가 안 보일 정도로 채워 준다. 미리 알았더라면 그릇에 얼굴을 묻고 먹지는 않았을 텐데….

스테파니 카페는 이웃집 누렁이 한 마리가 은근슬쩍 들어와 앉아 있어도 그 자체로 하나의 풍경화가 되는 곳, 다 함께 어깨동무하고 '비둘기집'이라도 부르고 싶을 만큼 정다운 곳이다. 이곳의 마니아들이 늘어나는 이유는 아마추어가 만든 프로 같은 요리, 원칙을 아는 고수들의 여유로움 때문이 아닐까.

오랜 고심 끝에 김세영 주인은 비트크림 파스타의 레시피를 공개할 수 없다며 연방 미안해했다. 핑크만 보면 좋아서 자지러지는 다섯 살 조카를 위해 직접 만들어 주지는 못하겠지만 손잡고 함께 가는 걸로 만족해야겠다.

pasta 09

단호박 & 새우 크림소스 펜네

1 펜네 면은 끓는 소금물에 10~12분 정도 삶아 찬물에 헹구지 말고 건져 놓는다.

2 달군 팬에 포도씨유를 두르고 편으로 썬 마늘을 볶는다. 마늘이 노릇해지면 다진 양파를 넣고 함께 볶아 준다.

3 손질한 새우를 넣고 반쯤 익힌다.

4 생크림과 우유를 넣고 새우가 익을 때까지 뭉근하게 끓인다. → 생크림과 우유를 함께 넣으면 유지방 함량이 높은 생크림만 넣었을 때의 느끼함을 줄일 수 있고, 소스 농도도 적당해진다.

stuff

펜네 면 80g, 단호박 1/4통(작은 것), 블랙타이거 새우 5마리, 생크림 1/2컵, 우유 1/4컵, 단호박 페이스트 1/2통 분량, 마늘 2쪽, 다진 양파·포도씨유 1큰술씩, 파르메산 치즈가루 1작은술, 소금·후춧가루·허브 믹스 약간씩

단호박 페이스트 단호박 1/2통(작은 것)
····▶ **단호박 페이스트 만들기**
단호박 1/2통을 전자레인지에서 익힌 뒤 껍질과 씨를 제거하고 곱게 으깬다.

5 단호박 페이스트를 넣는다.

6 삶은 펜네 면을 넣고 소금, 후춧가루, 허브 믹스로 간한 뒤 더 끓인다. 접시에 담아 파르메산 치즈가루, 익힌 단호박을 한입 크기로 썰어 올린다.

pasta 10

사천식 매운 굴소스의 해산물 파스타

1
스파게티 면은 끓는 소금물에 6~7분 정도 삶아 찬물에 헹구지 말고 건져 놓는다. 면 삶은 물은 따로 둔다.

2
달군 팬에 고추기름 1/2큰술과 포도씨유를 두르고 편으로 썬 마늘을 볶다가 페페론치노, 다진 양파를 넣고 센 불에서 볶는다.

3
채 썬 파프리카, 마늘종, 홍고추를 넣고 함께 볶는다.

4
손질한 새우, 주꾸미, 오징어 링, 그린홍합을 넣고 반쯤 익힌다. 스파게티 삶은 물 1/3컵을 붓는다.

5
굴소스를 넣고 해산물이 익을 때까지 볶는다.

stuff
스파게티 면 80g, 새우·주꾸미 4마리씩, 오징어 링 3~4개, 그린홍합 2개, 마늘종 2줄기, 마늘 2쪽, 홍고추 1/2개씩, 노랑 파프리카·양파 1/4개씩, 굴소스 1½큰술, 고추기름·포도씨유 1큰술씩, 페페론치노(또는 마른 홍고추)·소금·후춧가루 약간씩

tip
조리시간이 길어질수록 해산물이 질겨지므로 되도록 센 불에서 모든 재료를 빨리 익히는 게 포인트. 굴소스와 고추기름의 맛이 단시간에 면에 배게 하는 것도 중요하다.

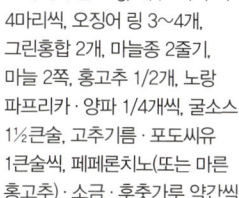

6
삶은 스파게티 면을 넣고 함께 끓인다.

7
국물이 자작해지면 소금과 후춧가루로 간을 하고 고추기름 1/2큰술을 넣어 살짝 끓여 낸다.

피렌체에서 온 접시

그란 삐아띠 *Gran Piatti*

4년 전쯤이었던가. 서래마을에 살던 선배가 동네 맛집을 발견했다며 끌고 간 곳이 있다. 모처럼 날 잡고 가야 맛볼 수 있는 레스토랑을 '동네 맛집'이라 부르다니, 트렌디한 곳들을 옆구리에 끼고 사는 선배가 그렇게 부러울 수 없었는데 그 선배가 지정한 '동네 맛집'을 다녀오고 나서는 생각이 좀 달라졌다. '이렇게 훌륭한 곳을 만날 드나들다간 마이너스통장마저 바닥날지 몰라.' 그곳이 바로 그란 뻬아띠다. 그 후로도 서래마을에는 고급스럽고 화려한 이력의 셰프를 내세운 레스토랑들이 줄줄이 늘어났지만 진한 바다 향이 가득한 '안초비 파스타'와 와인 한 잔이 간절할 땐 이곳을 찾는다. 물론 올 때마다 늘 만족하는 건 아니다. '이탈리아 가정식'이면서 값은 '가정식'이 아닌 것, 아주아주 크고 예쁜 접시('그란 뻬아띠'는 '커다란 접시'라는 뜻이다)에 비해 음식 양이 적은 건 나름 이유가 있으려니 싶으면서 속상하다. 즐겨 마시던 3만 원대의 와인이 어느 틈에 자취를 감춘 것도 정말 슬픈 노릇이다.

파스타를
예민한 요리라고
말하는 남자

사람들은 말한다. 파스타처럼 쉽고 간편한 요리가 세상에 어딨냐고. 조리시간까지 친절하게 알려 주는 요리책을 봤더니 파스타 사진 옆에 '조리수준: 하(상·중·하 중의), 조리시간: 10분'이라고 써 있다. EBS 교육방송을 보면 초등학교 아이들이 나와 조가비 같은 손으로 파스타를 만든다. 그런데 그란 뻬아띠의 김병희 오너 셰프는 파스타에 대해 이렇게 말한다. "파스타는 정말이지 짜증 날 정도로 맛이 예민해요. 기분에 따라, 전체적인 느낌에 따라 전혀 다른 맛을 내는 게 파스타거든요. 순간적이죠. 이탈리아요리는 재료의 맛이라고들 하지만 파스타는 사람의 손맛이 강조되는 음식입니다. 가끔 양을 좀 많이 달라는 손님이 계시는데 그렇게 되면 가장 좋은 맛을 느끼기가 어려워요. 백번 연습했던 양 그대로의 파스타가 아무래도 맛이 좋은 법이니까." 즐겁게 하는 것만이 전부가 아니라는 그는 파스타를 만들 때면 늘 긴장한다고 한다. 그래서인지 신기하게도 그란 뻬아띠의 파스타에는 촉수를 건드리는 섬세함이 있다. 접시에 코 박고 후다닥 들이켜게 되기보다 오랫동안 곱씹게 되는 이유가 바로 그의 '긴장'이었나 보다.

디자인 공부와 관련된 일을 하면서 그는 이탈리아에 19년을 머물렀다. 이탈리아요리 공부를 하러 온 지금의 아내와 함께 음식을 만들어 먹는 걸 즐겼는데 요리가 살기 위한 방편이 될 줄은 생각지 못했다고 한다. "이탈리아 맛에 오랫동안 길들여져 있어서 간 조절하는 데만 6개월이 걸렸어요. 처음엔 면이 덜 익었네, 싱겁네, 짜네, 손님들에게 '빠꾸' 당한 적이 많았지요. 그러다 조금씩 손님이 원하는 대로 조절하게 된 겁니다." 취미가 직업이 된 경우지만 그럼에도 그가 고집하고 싶은 두 가지는 최고의 식재료와 여유로운 음식문화. 전자는 처음부터 지금까지 철저하게 지키고 있으며 후자는 진화 중이다. "재료를 아끼려는 사람은 음식장사 하면 안 된다고 봐요. 손님들은 귀한 시간을 내가 만든 공간에 와서 쓰고 경제적인 지불까지 하잖아요. 진심으로 대하지 않을 수 없어요. 또 하나 이탈리아에서 살면서 부러웠던 게 식당문화였어요. 제가 다니던 식당에는 음악을 틀어 놓지 않았어요. 사람들의 얘기 소리, 웃음소리가 한데 모여 리듬을 만들었죠. 그란 뻬아띠 자체가 흥겨운 음악이 되었으면 좋겠어요." 주인의 얘기에 귀 기울이다 보니 왜 그란 뻬아띠의 실내가 시골 농가 풍인지도 알 것 같았다. 토스카나 지방과 남부의 시골 분위기를 내기 위해 소품과 타일을 가져와 장식했고 이탈리아 정서를 모르는 업자에게 인테리어를 맡길 수 없어 3개월 동안 인테리어 공사를 혼자 다 했다. 투박하지만 정답다. 〈자갓 서울 레스토랑 2010〉'혼자 밥 먹기 좋은 식당'에 '그란 뻬아띠'가 떡하니 올랐던데 김병희 오너 셰프의 바람이 녹아 있는 결과가 아닐까. 혼자 가도 어색하지 않은 곳이 진짜 편안한 곳이니까.

1 그란 삐아띠 안에 앉아 있으면 유럽 여행을 하고 있는 기분이다. 그도 그럴 것이 토스카나 지방과 이탈리아 남부의 시골 분위기를 내기 위해 정겨운 소품과 타일 등을 멀리서 공수해 왔다고 한다. **2,3** 3개월 동안 김병희 오너 셰프는 모든 인테리어 공사를 혼자 다 해냈다. 손맛은 음식뿐 아니라 실내 곳곳에도 묻어 있었다.

d a t a
address 서울시 서초구 반포동 105-2
telephone 02-595-5767
time AM 11:45~AM 1:30

p r i c e
알리오 올리오 페페론치노 18,000원
뽀모도로 21,000원
펜네 아라비아따 22,000원
안초비 파스타 22,000원
펜네 콘 고르곤졸라 28,000원

pasta 11

안초비 파스타

stuff
파스타 면 80g(기호에 따라),
안초비 6마리, 구운 가지·
구운 호박·구운 파프리카 1/2개씩,
마늘 3쪽, 케이퍼 2작은술,
올리브유 5큰술, 이탈리아 파슬리·
페페론치노·소금·후춧가루 약간씩

tip
파스타는 롱 파스타와 쇼트 파스타가 있다.
스파게티·링귀네·페투치네·
파파르델레·라사냐는 롱 파스타,
마카로니·펜네·리가토니·파르팔레·
푸실리는 쇼트 파스타이다.

1
팬을 약한 불에 올려 올리브유를 두르고 편으로 썬 마늘과 손으로 부순 페페론치노, 안초비를 넣는다.

2
이탈리아 파슬리를 곱게 다져 넣고 안초비가 서서히 녹을 정도로 볶아 준다.

3
케이퍼를 넣고 한입 크기로 자른 구운 가지·호박·파프리카를 볶는다.

4
파스타 면은 끓는 소금물에 삶아 찬물에 헹구지 말고 건져 놓는다.

5
삶은 파스타 면을 넣고 젓가락으로 잘 섞는다.

6
면에 맛이 배도록 3분가량 더 볶다가 소금과 후춧가루로 간을 한다.

pasta 12

키조개 파스타

1
달군 팬에 버터를 녹이고 다진 마늘을 볶다가 페페론치노를 넣는다.

2
채썰기 한 라디치오와 길게 썬 새송이버섯을 넣어 볶는다.

3
자른 치커리와 가로로 얇게 썬 키조개를 넣어 익히다가 올리브유와 페페론치노를 넣는다.

4
키조개가 익으면 **토마토소스**(p.15 참조)를 넣고 뒤적여 준다.

stuff
파스타 면 80g(기호에 따라), 키조개 1개, 라디치오 · 치커리 2장씩, 새송이버섯 1/2개, 토마토소스 35g, 올리브유 3큰술, 버터 1큰술, 다진 마늘 1작은술, 이탈리아 파슬리 · 페페론치노 · 소금 · 후춧가루 약간씩

5
파스타 면은 끓는 소금물에 삶아 찬물에 헹구지 말고 건져 놓는다.

6
삶은 파스타 면을 넣고 약간 센 불에서 조린 뒤 소금, 후춧가루로 간하고 이탈리아 파슬리를 곱게 다져 뿌린다.

all about taste

비빔밥 같은 파스타
뜨리앙 *Le Triangle*

위_ 굉장히 독특한 구조물로 되어 있는 뜨리앙 실내의 한 부분. 유리로 된 건물 안은 온통 하얗다.
아래_ '뜨리앙'이란 이름대로 공간 곳곳에는 세모나게 생긴 모형들이 많다. 명함, 간판, 손잡이, 벽면에 걸린 크리스마스 장식품조차. 음식을 만드는 조리대 역시 세모난 구조다.

뜨리앙. 재미있게도 이곳은 이름대로('Le Triangle'의 가운데 스펠링을 따서 지었다) 세모나게 생겼다. 세모난 바닥, 세모난 테이블, 세모난 간판, 세모난 천장…. 트라이앵글을 두드리며 '세모의 꿈'이라도 불러야 하는 건가. 청담동에 새로 생기는 레스토랑은 맛이 아주 좋거나 인테리어가 훌륭하거나 적어도 둘 중 하나를 갖춰야 살아남을 수 있는데, 뜨리앙은 일단 인테리어에서 합격이다. 오너와 셰프와 디자이너가 오랫동안 머리를 맞대고 준비한 기색이 곳곳에 가득한 데다 유행을 타지 않으면서 감각적이고, 무엇보다 편안하다. 그 이유가 처음엔 유리 마감과 화이트가구가 제대로 어울려서라고 생각했는데 몇 번 가 보니, '햇빛' 덕분이었다. 유리 벽면에 살짝 기대고 앉아 있노라면 세상의 모든 햇살을 다 받고 있는 기분이 든다. 그래서 이곳에는 토요일 오전 11시쯤 가는 게 좋다. 토끼 귀 모양의 의자에 앉아 아메리카노를 마시며 기분 좋게 책을 읽다가 출출해지면 파스타를 즐기는 거다.

1 한쪽 벽면을 채우고 있는 알록달록 과일술. 2 라벨이 다양한 와인병도 뜨리앙에선 예쁜 소품이 된다. 3 트렌드세터들이 오가는 청담동 거리에 어울리는 외관. 모던하고 세련된 건물이 눈에 띈다. 4 이메일 체크를 위해 마련된 컴퓨터. 그 옆에 편안하게 앉아 있는 토끼 인형 스피커. 토끼는 뜨리앙의 마스코트다. 5 명함에 프린트된 세모가 인상적이다. 6 등받이가 토끼 귀 모양으로 되어 있는 의자. 자칫 딱딱할 수 있는 삼각형 컨셉트의 실내가 재미있는 소품들 덕분에 활기차게 보인다.

data
address 서울시 강남구 청담동 81-7
telephone 02-518-7993
time AM 11:00~AM 1:00(월요일 쉼,
일요일 AM 11:00~PM 11:00)
homepage www.trian.co.kr

price
갑오징어 미소 파스타 16,000원
명란 오일 파스타 17,000원
홍합 들깨 고추장 크림 파스타 17,000원
까르보나라 15,000원
리코타치즈 야채오일 파스타 15,000원
상하이 해산물 굴소스 파스타 17,000원
흑임자 치킨 샐러드 16,000원
허니 바질페스토 피자 17,000원
뜨리앙 피자 20,000원

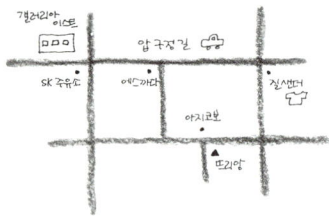

 **삼겹살 파스타에
유자 사와 한잔!**

음식에 정답이란 없다. 파스타도 마찬가지다. 파스타의 기원을 찾아 이탈리아 전체를 여행하며 '정통의 맛'과 가깝게 재현하는 사람이 있는가 하면, 새롭고 창의적인 맛을 위해 실험정신을 아끼지 않는 이도 있다. 눈치챘겠지만 뜨리앙은 후자다. 젊고 재기 발랄한 사업가와 젊고 유능한 셰프가 만나 의기투합한 첫 번째 결과물이 바로 이곳인 셈. "오리엔탈 유러피언 스타일이 저희의 캐릭터라고 할까요. 서양 재료를 기본으로 동양적인 감각을 두루 접목시켰죠." 김동규 주인의 얘기다. 노형석 셰프의 생각도 다르지 않다. "조리법의 경계를 긋지 않고 우리 식생활과 비슷한 요리를 하고 싶어요. 이건 한식이고, 저건 프랑스식이고, 또 저건 이탈리아식, 명확하게 구분하지 않으려고 노력해요. 한국인의 입맛에 맞으면서 새로운 식감의 요리를 추구합니다."
찰떡궁합인 그들의 의견은 '다국적' 메뉴판에 그대로 담겨 있다. '삼겹살 야채 파스타'와 유자 사와를 함께 즐길 수 있는 곳, '갑오징어 미소 파스타'를 먹으며 라임 모히토를 마실 수 있는 곳이 어디 그리 흔할까. 그런데 이 모든 게 썩 괜찮다. 갑오징어 미소 파스타의 경우 토마토와 크림, 오일 등 파스타 소스 3인방 외에 '제5의 맛'이라는 감칠맛을 경험할 수 있고, 삼겹살 야채 파스타는 면과 함께 맛있게 조리된 삼겹살 조각을 씹는 느낌이 색다르다. 아이디어만 있으면 누구든지 도전하는 분야가 퓨전이라지만 뜨리앙의 파스타는 여러 번 실패를 겪고 난 뒤 얻은 맛이다. 독특한 것만으로 손님을 사로잡기에 부족한 곳이 청담동이다. 청담동을 오가는 사람들은 특별하면서 감동적인 맛까지 원한다. 뜨리앙의 주인과 셰프도 그 사실을 모르지 않기에 '우연히' 발견한 새로운 맛을 '감동적인 맛'으로 발전시키기 위해 많은 시간을 들였다. 더욱이 접시 안에 깃든 치밀한 계산과 진지함을, 사와나 모히토라는 가벼운 알코올 음료로 마무리하는 유머와 위트! 죽이 잘 맞는 배드민턴 복식조처럼 그들이 만들어 낸 경쾌한 리듬은 모처럼 나선 청담동 나들이에 기분 좋은 활력을 준다.
셰프는 여전히 일상에서 새로움을 찾는다. "갑오징어 미소 파스타도 그랬어요. 어느 한식집에서 된장찌개를 먹다가 그 속에 두부 대신 소면이 들어가 있는 걸 보고 생각했죠. '좀 더 부드러운 미소로 파스타를 만들어 보면 어떨까.' 저에게 파스타는 비빔밥이에요. 비빔밥은 자신의 기호에 맞는 재료들을 넣으면 친숙하고도 새로운 맛을 즐길 수 있는 음식이거든요. 파스타도 마찬가지예요. 우리 음식이 아니기에 선뜻 조리하기가 쉽지 않겠지만 자신이 좋아하는 맛을 활용하면 훨씬 다양하게 즐길 수 있어요. 단 넓은 접시와 스푼, 포크 정도의 상차림은 꼭 지켜 주셨으면 합니다." 그의 얘기를 듣고 있자니 집에 가서 내 스타일의 색다른 파스타를 만들고 싶어진다. 오징어 먹물 대신 검은콩 우린 물로 반죽해 보는 건 어떨까. 콩나물과 김치를 송송 썰어 넣어 해장 파스타를 만들어 볼까. 머릿속이 갑자기 식재료들로 꽉 채워진다.

pasta 13

갑오징어 미소 파스타

1
달군 팬에 고추기름과 올리브유를 두르고 편으로 썬 마늘을 볶는다.

2
얇게 썬 표고버섯과 양송이버섯, 죽순, 반달 모양으로 썬 애호박, 청경채를 넣고 볶는다. 기호에 따라 청양고추를 채 썰어 넣는다.

3
손질한 갑오징어는 석쇠나 오븐에 구워 놓는다. 홍합은 물을 자작하게 부어 익히고, 국물은 따로 둔다.

4
볶은 채소에 익힌 홍합과 홍합 국물을 넣는다.

5
미소된장국을 넣고 끓인다.

6
스파게티 면은 끓는 소금물에 7~8분 정도 삶아 찬물에 헹구지 말고 건져 놓는다. → 조리는 시간을 고려해 정해진 시간보다 2~3분가량 덜 삶는다.

stuff
스파게티 면 120g, 홍합 5~6개, 갑오징어(또는 한치) 1/3마리, 양송이버섯 2개, 표고버섯 1개, 청경채 1포기, 애호박 1/3개, 실파 2대, 마늘 2쪽, 얇게 썬 죽순 5조각, 싱겁게 끓인 미소된장국 150㎖, 홍합 국물 100㎖, 녹말물 2큰술, 청양고추(기호에 따라)·올리브유·고추기름 약간씩

7
미소된장국 소스에 삶은 스파게티 면을 넣고 살짝 조린 뒤 실파를 송송 썰어 넣는다.

8
녹말물을 넣어 걸쭉해지면 불을 끄고 구운 갑오징어를 썰어 올린다.

pasta 14

홍합 들깨 고추장 크림 파스타

stuff

파스타 면 120g(기호에 따라), 홍합 7~8개, 양송이버섯 3~4개, 양파 1/2개, 생크림 150㎖, 우유(또는 물) 50㎖, 파르메산 치즈·버터 2큰술씩, 고추장 1큰술, 들깻가루 1작은술

1
달군 팬에 버터 1큰술을 두르고 녹을 때까지 기다린다.

2
사방 1cm 크기로 깍둑썰기 한 양파를 볶다가 세로로 썬 양송이버섯과 익힌 홍합을 넣는다.

3
고추장을 넣고 채소, 홍합과 섞으면서 볶는다. → 고추장은 넣기 전 버터에 살짝 볶으면 군내가 사라진다.

4
생크림, 우유를 넣고 중간불에서 끓이다 들깻가루를 넣는다. → 너무 센 불에서 생크림을 끓이면 면과 생크림이 분리돼 맛이 없다.

5
파스타 면은 끓는 소금물에 삶아 찬물에 헹구지 말고 건져 놓는다.

6
삶은 파스타 면을 넣고 중간불에서 소스가 잘 배도록 뒤적이며 끓인다. 버터 1큰술을 넣고 파르메산 치즈를 뿌린다.

pasta 15

명란 오일 파스타

1
달군 팬에 올리브유 1큰술을 두른 뒤 편으로 썬 마늘을 약한 불에서 노릇하게 볶는다.

2
채 썬 표고버섯, 사방 1cm 크기로 깍둑썰기 한 양파, 안초비를 넣고 볶는다. → 안초비 대신 가다랑어포를 사용해도 맛있다.

3
안초비를 으깨는 느낌으로 볶아 주다가 어슷썰기 한 청양고추를 넣는다.

4
홍합 국물(p.15 참조)을 붓고 1/3 정도 줄 때까지 조린다.

5
파스타 면은 끓는 소금물에 삶아 찬물에 헹구지 말고 건져 놓는다.

stuff
파스타 면 120g(기호에 따라), 안초비 2마리, 냉동 명란 30g, 실파 2대, 마늘 2쪽, 청양고추 1개, 양파 1/3개, 표고버섯 1/4개, 홍합 국물(또는 조개 국물) 200㎖, 올리브유 2큰술, 후춧가루 약간

6
삶은 파스타 면과 으깬 명란, 채 썬 실파를 넣고 국물이 바닥을 보일 때까지 조린다.

7
올리브유 1큰술, 후춧가루를 조금 넣어서 뒤적인 뒤 접시에 담는다.

all about taste

감사합니다
파스타

라이크잇 Likeat

아주 가끔 엄마에게 "오늘 외식할까?" 하면 엄마는 "그깟 밥 집에서 먹으면 되지" 하면서도 옷장에서 가장 예쁜 옷을 꺼내 입고 나오신다. 하루는(그날 왜 그랬는지 모르지만) 사대문 안에서 제일 잘한다는 평양냉면집, 3대가 걸쳐 운영하는 설렁탕집, 대통령이 맛보고 반했다는 삼계탕집이 아니라 죽전 카페거리로 향했다. 그리고 무턱대고 들어온 곳(기억으로는 더 운치 있고 덜 멋을 냈던 것 같다)이 라이크잇이다. 엄마는 손가락으로 메뉴를 짚어 가며 한참이나 들여다보더니 결국 관광객처럼 "이 집에서 제일 잘하는 게 뭐예요?"라는 질문을 던졌고, 얼마 후 테이블에 놓인 '할머니라구 파스타'를 김치찌개에 찬밥 비벼 먹듯 말끔히 해치웠다. 물론 집에서 죽전까지 자동차로 1시간 30분은 족히 걸렸으니 엄청 배가 고프셨을 테지만. "네가 집에서 만드는 건 너무 시큼하단 말야. 이건 맛있네. 근데 이름이 뭐라고?"

혈기왕성한 청년의
첫 번째 꿈

주말에 한 번 왔다가 뭔 일 난 줄 알고 이 동네는 얼씬도 하지 말아야겠다는 생각을 했었는데 평일 오후는 그래도 한적하다. 다른 사람의 몸에 부딪힐 염려 없이 천천히 걸을 수 있어 좋고, 분위기 근사한 노천카페에 앉아 있으면 유럽 여행을 하는 기분까지 들어 좋다. 이럴 땐 내 몸집만 한 골든 리트리버 한 마리가 있어 줘야 멋진 그림이 될 텐데….
엄마와 함께 간 뒤로 라이크잇은 죽전에 갈 때 이따금씩 들른다. 우연히 알게 된 곳이지만 퍽 마음에 드는 건 모두들 요리를 대하는 태도가 굉장히 진지하다는 거다. 파스타 양도, 소스 양도 넉넉하고 모양새 또한 정성이 느껴진다. 하루는 배가 고프지 않아 핫초코만 시켜 놓고 몇 시간이나 수다를 떨고 있었는데 누군가 다가오더니 그냥 한 번 만들어 본 거라며 접시에 담긴 빵을 머쓱하게 건넨다.
라이크잇의 이국용 오너 셰프의 오랜 목표는 '성공한 레스토랑 사업가'였다. 꿈만 꾼다고 되는 일이 아니기에 이탈리아의 ICIF를 졸업하고 밀라노 레스토랑에서 경력을 쌓았으며 한국에 돌아와 청담동의 뚜또베네, 효자동의 디저트 카페 등 할 수 있는 최대의 영역을 접하기 위해 노력했다. "태국에 배낭여행 갔다가 아주 괜찮은 레스토랑을 발견하고 무지막지하게 들이대 일했던 적도 있어요." 어느 정도 감각과 경험을 쌓았다고 생각한 그는 머릿속으로 구상했던 모든 것을 테이블, 의자, 간판, 명함, 메뉴판 등 공간 곳곳에 꺼내 놓았다. 목표를 세운 지 딱 4년 만의 일이다. "처음에는 제가 준비한 레스토랑이 드디어 세상에 나온다는 아주 단순한 생각에 신이 났어요. 근데 지난 6개월 동안 생각지도 못한 산전수전을 겪으면서 감사해야 한다는 깨달음을 얻었죠. 수많은 레스토랑 중에서 라이크잇을 선택한 손님들에게 감사하고, 이 안에서 땀 흘리며 일하는 직원들에게도 감사하고…. 지금은 그냥 모든 것이 다 감사해요."

감사한 마음의 요리는
엄마의 따뜻한 밥보다 맛있(을 수 있)다!

엄마가 칭찬한 할머니라구 파스타는 라이크잇의 베스트 메뉴다. 사실 다진 고기를 토마토 퓌레와 섞어 만드는 라구(Ragù)소스는 어릴 때 특별한 날에만 먹을 수 있었던 '미트소스 스파게티' 소스와 흡사하다. "우리나라에도 지방마다 김치 만드는 방식이 다르듯 라구소스도 이탈리아 집안마다의 특징이 있거든요. 밀라노 실습생 시절이었던가. 수십 년의 경험을 통한 라구소스 비법을 갖고 계신 할아버지 셰프가 있었어요. 그런데 레스토랑에서 라구소스를 끓일 때마다 부인 되는 할머니 셰프가 귀신같이 알아채고 오셔서 할아버지와 제게 "이건 별로야. 우리 집안에서 끓이는 방법이 더 맛있어"라고 말씀하시는 거예요. 매번 티격태격 싸우다가 어느 날 참다 못한 할아버지가 각자 소스를 만들어 볼 테니 제게 판결을 내려 보라더군요. 제 입맛에는 할머니가 만든 라구소스가 더 좋았지만 하루 종일 할아버지 셰프와 한 주방에서 생활해야 하는 처지라 이러지도 저러지도 못했죠." 소심한 갈릴레오처럼 그는 라이크잇의 메뉴를 작성할 때가 돼서야 '할머니 승'이라고 외친 셈이다.

그는 한국 재료를 가지고 이탈리아 방식으로 요리하는 것을 좋아한다고 했다. 포크밸리 피자 같은 경우는 대패삼겹살을 염장하여 이탈리안 프로슈토와 비슷하게 만들어 피자 위에 토핑한다. 그냥 프로슈토를 사서 피자 위에 올려놓을 수도 있지만 그건 식상하고 지루한 일이다. 재미있는 것은 어떤 요리를 만들든 항상 손님에게 나가기 직전 '감사합니다'라는 말을, 마치 주문을 걸 듯 생각한다는 거다. "'감사한 마음의 요리는 종종 엄마의 따뜻한 밥보다 맛있다!' 부끄럽지만 제 요리철학이라고 할까요?"

죽전에서 온
4장의 편지

이 책을 위한 요리 촬영을 끝내고(촬영을 할 때도 들어오려는 손님에게 조심스레 양해를 구하며 그는 요리에만 전념했다) 궁금한 것들을 그의 이메일로 보냈다. 며칠 후 답장이 왔다. 나는 그가 혹시 이메일을 보내기 전에도 '감사합니다'라는 주문을 건 게 아닌지 눈을 의심했다. 정성이 들어간 음식이 맛있듯 진심의 글도 맛있는 법. 자신이 써 놓고도 여러 번 읽었을 것 같은 답변, 조금 중요한 자신의 생각에 굵은 글씨로 볼드 처리까지 해 주는 정성. 러브레터를 받은 것도 아닌데 그가 보낸 4장의 답변에 기분이 좋아졌다. 그 가운데 '셰프'에 대한 그의 생각은 참 인상적이었다. 자꾸 곱씹게 된다.

"일반적으로 생각하는 것처럼 한 레스토랑의 메뉴와 주방을 책임지는 사람이 '셰프'라면 저도 셰프라 칭할 수 있겠습니다만 제게 셰프는 저처럼 4~5년 요리 경험으로 레스토랑 하나 차렸다고 해서 '나 셰프입니다'라고 말할 수 있는, 그렇게 만만한 이름이 아닙니다. 저에게 셰프란 한 주방에서 함께 일하는 후배들에게 요리철학을 심어 줄 수 있는 사람입니다. 같이 일하는 사람들이 직접 느낄 수 있는 아우라 강한 요리철학은 아무나, 쉽게 가질 수 있는 것이 아닙니다.
청담동 모 레스토랑 출신의 10년 경력의 요리 기술자, 미슐랭 레스토랑 출신 요리사, 이탈리아 어느 지역의 외국인 요리사, 유명한 요리학교 출신의 조리사들, 다시 말해 주방에서 일을 오랫동안 해서 주방이 자기네 집 안방보다 편안한 요리 기술자들이 한국에는 넘쳐 납니다. 그러나 진짜 셰프는 아주 드물다고 생각합니다. 그래서 전 스스로 셰프라는 말을 붙이기가 쑥스럽습니다. 저만의 요리 스타일을 지녔고 '이런 요리를 해 보고 싶다'라는 확고한 생각이 있지만 아직 이것만으로는 부족하다는 결론입니다. 그래서 간단히 저를 소개하자면 몇 년 동안 레스토랑을 준비하기 위해 이리저리 돌아다녔던 '요리를 좋아하는 초보 사장' 정도가 딱 알맞아요. 하지만 안 봐도 뻔한 요리를 하거나 10년 동안 주방에서 일하면서 자신의 요리철학을 정립하기보다는 단순히 '우리나라 사람이 토마토소스에 설탕을 조금 넣어 주는 것을 좋아하고 크림 파스타에 우유를 조금 넣고 루(Roux · 서양요리에서 소스나 수프를 걸쭉하게 하기 위해 밀가루를 버터로 볶은 것)를 만들어 생크림과 섞으면 단가가 줄고…'
이런 스킬들이 자신의 경험이고 화려한 경력이라 생각하는 기술자들보다는 제가 훨씬 진실된 요리를 하고 있다고 믿습니다. 손님들이 어디서 본 듯한 인테리어의 레스토랑에서 언젠가 먹어 본 듯한 음식을, 조금 비싸다고 느끼면서 드시는 상황을 저는 만들지 않을 것입니다. 아무튼 제게 셰프의 의미는 이렇게 거대하고 엄청난 것이지만 레스토랑 운영에 '오너 셰프'라는 직함이 도움이 되기에 '감사히, 하지만 속으로는 머쓱하게' 달고 있습니다."

data

address 경기도 용인시 기흥구 보정동 1189-3
telephone 031-889-5570
time AM 11:30~PM 11:00(월요일 쉼)
homepage blog.naver.com/likeatcafe

price

할머니라구 파스타 13,000원
버섯 & 베이컨 크림 파스타 13,000원
오리엔탈 파스타 13,000원
라이크잇 쉬림프 파스타 15,000원
닭가슴살 시소 리조또 13,000원
러브 미 텐더 샐러드 11,000원
클래식 이탈리안 파니니 11,000원
모히토(민트/바질) 8,000원
리얼 티라미수 7,000원

위_ 접이식 문으로 되어 있는 유리문 덕분에 탁 트인 느낌을 주는 외관. 라이크잇의 이국용 오너 셰프가 머릿속으로 구상했던 모든 것을 테이블, 의자, 구조, 오픈주방, 명함 등 곳곳에 꺼내 놓았다.
아래_ 벽면을 장식하고 있는 다양한 라이크잇 서체.

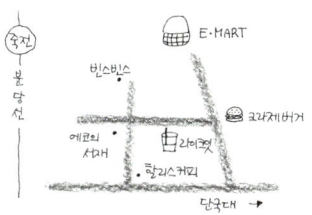

할머니라구 파스타

stuff
스파게티 면 80~90g, 라구소스 1컵, 엑스트라 버진 올리브유 · 파르메산 치즈 · 파르메산 치즈가루 · 이탈리아 파슬리 약간씩

라구소스 다진 쇠고기 · 다진 돼지고기 1kg씩, 프로슈토 80g, 양파 3개, 당근 2개, 셀러리 160g, 홀토마토 5kg, 파르메산 치즈가루 200g, 레드와인 300㎖, 올리브유 · 소금 · 후춧가루 · 타임 · 로즈메리 약간씩

1
스파게티 면은 끓는 소금물에 8~10분 정도 삶아 찬물에 헹구지 말고 건져 놓는다. 면 삶은 물은 따로 둔다.

2
팬에 **라구소스**를 두르고 면 삶은 물 약간을 더해 액상소스로 만든 뒤 삶은 스파게티 면을 넣는다.

3
라구소스가 면에 잘 배도록 섞어 준 다음 파르메산 치즈가루를 넣는다. 접시에 담고 엑스트라 버진 올리브유를 두른 뒤 이탈리아 파슬리와 얇게 깎은 파르메산 치즈를 올린다. → 볶은 베이컨을 넣어도 좋다.

⋯▶ 라구소스 만들기

1
다진 쇠고기와 돼지고기는 소금과 후춧가루로 밑간해 팬에 올리브유를 두르고 볶는다. 프로슈토도 잘게 잘라 함께 볶아 놓는다.

2
냄비에 올리브유를 두르고 잘게 썬 양파, 당근, 셀러리를 약한 불에서 볶는다.

3
채소가 볶아지면 고기와 프로슈토, 타임과 로즈메리를 넣는다.

4
센 불에서 레드와인을 부어 한 김 나가게 해 비린내를 없앤다.

5
홀토마토를 넣고 으깨면서 섞는다. 파르메산 치즈가루와 소금, 후춧가루를 넣어 가며 약한 불에 10시간 이상 끓인다. → 약한 불에서 오래 끓여야 진한 맛을 느낄 수 있다. 일반 토마토를 이용할 때는 껍질을 벗기고 조리한다.

pasta 17

새우 바질페스토 파스타

stuff
스파게티 면 120g, 새우(싱싱한 것) 7~8마리, 마늘 5쪽, 바질페스토 1/2컵, 올리브유 2큰술, 화이트와인·소금·후춧가루 약간씩

바질페스토 바질(신선한 것) 300g, 구운 잣 50g, 마늘 30g, 끓였다가 식힌 물(정제된 물) 50g, 파르메산 치즈가루·올리브유 150g씩

···▶ 바질페스토 만들기
믹서에 바질, 구운 잣, 마늘, 파르메산 치즈가루, 끓였다가 식힌 물을 넣고 올리브유를 넣어 가며 간다.
→ 신선한 바질을 사용해야 페스토의 맛이 살아난다. 바질은 신문지에 싸서 냉장 보관하지만 잎이 잘 시들기 때문에 구입해 바로 쓰는 게 가장 좋다. 페스토를 최대한 빨리 만들어 변색을 막고 향이 날아가지 않도록 하는 것도 중요하다. 보관할 때는 페스토 위에 올리브유를 뿌려 공기와의 접촉을 막는다.

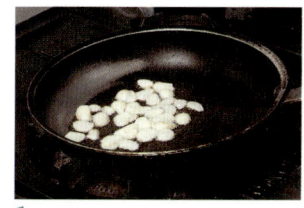

1
팬에 올리브유 1큰술을 두르고 약한 불에서 편으로 썬 마늘을 타지 않게 노릇할 정도로 볶는다.

2
손질한 새우를 넣고 볶다가 센 불에서 화이트와인을 부어 한 김 나가게 해 비린내를 없앤다. → 새우는 오래 조리하면 질겨지므로 재빨리 볶는다.

3
스파게티 면은 끓는 소금물에 8~10분 정도 삶아 찬물에 헹구지 말고 건져 놓는다. 면 삶은 물은 따로 둔다.

4
바질페스토를 넣고 면 삶은 물을 조금 붓는다. → 바질페스토의 강한 향을 줄이고 싶을 때는 생크림을 넣으면 된다.

5
삶은 스파게티 면을 넣고 바질페스토와 잘 섞은 뒤 소금·후춧가루로 간을 한다. 불을 끄고 올리브유 1큰술을 두른다.

우리,
출출한데
파스타나
먹을까

all about taste

시저 Caesar

한때 이런 간판을 보면 부러웠다. '부부 치과' '부부 슈퍼마켓' '부부 미용실' '부부 동물병원'…. 같은 집에서 출근하고 같은 공간에서 일하고 또 틈나면 같은 일에 대해 서로 의논하는 생활, 얼마나 매일매일이 영화 같을까. 그런데 서른 중반을 넘어서니 나와 다른 인격체와 오랫동안 붙어 있는 게 얼마나 피곤한 일인지 알게 됐고, 오히려 부러웠던 그들이 대단하게 느껴지곤 한다.

용산구 문배동 아파트 단지에 몰래 숨어 있는 시저. 이곳은 젊고 귀여운 연인이 운영하는 이탈리안 비스트로다. 근처에 친한 선배 사무실이 있어서 놀러 가면 그때마다 선배가 데리고 갔는데 첫날 선배가 하던 말이 기억난다. "먹을 데 없는 우리 동네에서 보물 같은 곳이지. 맛은 최고야. 음식이 좀 늦게 나오는 게 흠이지만." 춥고 배까지 고팠던 그날 음식이 나오길 애타게 기다리면서 오는 길에 택시 기사님들이 잔뜩 모여 있던 왕돈가스집이나 갈걸, 후회했던 기억이 난다. 그러나 선배의 말대로 맛은 정말 빛났다. 이렇게 맛있는 음식을 선보이면서 하필이면 왜 이 집주인은 교통도 좋지 않고, 이 동네에 살지 않으면 평생 모를 수도 있는 곳에 차렸을까, 이해가 가지 않았다.

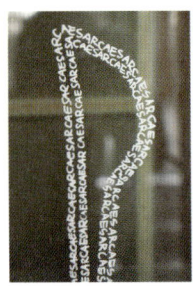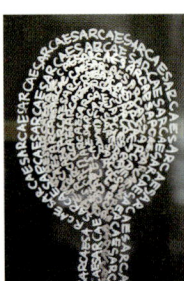

**배운 대로,
경험 대로,
느낀 대로**

1978년생인 남자친구와 1981년생 여자친구. 이 둘은 같은 레스토랑 주방에서 파스타를
만들고 피자를 구웠다. 그리고 레스토랑을 옮길 때마다 샴쌍둥이처럼 옮겨 다녔다.
"식품공학과 함께 외식업에 관심이 많아 외식경영도 전공했어요. 4학년 2학기 때 유학을
준비하면서 레스토랑에서 처음 일하게 됐고요. 너무 힘들었지만 이 경험이 피가 되고 살이
되는 거라 생각해 유학 대신 밑바닥부터 배우자 결심했죠. 요리한 지 저는 6년, 남자친구는
10년 정도 됐는데 빨리 시작하고 싶어 시저를 차리게 된 거예요." 하경민 주인의 얘기다.
가게 이름은 친근한 음식 이름이 어울릴 것 같아 줄리어스 시저가 좋아했다는 시저
샐러드에서 아이디어를 얻었다. 어린 나이에 사장이란 명함을 달고 있지만 스스로를
사장이라 여긴 적은 단 한 번도 없다. "작은 음식점이라도 사장이란 마인드를 포기해야
굴러가거든요." 그들은 하나부터 열까지 제 손으로 다 했다. 나무의 따뜻한 느낌이 좋아
나무 바닥재를 아예 벽면으로 마감했고, 입구는 어릴 때 학교 다니던 기억을 살려 비슷하게
꾸몄다. 파벽돌과 타일, 서까래도 직접 골랐다. 음식에 필요한 수산물은 직접 봐야 신선한
걸 가져올 수 있어서 일주일에 두세 번 가락시장에 간다. 가끔 후배들이 도와주는 거
빼고는 아르바이트생조차 쓰지 않는다. 손님의 대부분이 동양 오리온 회사원과 아파트
단지 사람들이라 음식의 양, 싱겁고 짠 정도, 서비스 하나라도 서운하게 할 수 없다.
"처음엔 너무 정신이 없어서 불규칙적으로 가게 문을 열었어요. 그랬더니 취미로 하는
거냐고 묻는 손님이 계시더라고요. 모아 놨던 적금 깨고 대출 받아 시작한 거라 사실 이거
아니면 안 되는데 말이에요. 그래서 지금은 손님이 조금이라도 피해 보지 않도록 일요일에
몰아서 다녀요." 결혼은 이곳이 완전히 자리 잡히면 할 생각이란다. 부모님의 도움 없이
시작한 거라 죽이 되든 밥이 되든 끝까지 둘의 힘으로 하고 싶다면서.

초심을 잃으면 안 돼, 초심을!

내가 시저를 좋아하는 가장 큰 이유는 격식이 없어서다. 격식이 없다는 건 인테리어가 볼품없다거나 매너가 부족한 게 아니다. 열정으로 가득한 연인이 정성을 다한 공간은 그럴듯하고, 소신 있게 만든 파스타는 이탈리아요리인지 의심스러울 정도로 한국인의 입맛에 딱 맞는다. 단골이 아닌 내가 시저를 편안하게 느끼는 건 젊음의 맛 때문인지, 단골이 많은 집 특유의 정다운 분위기 때문인지 잘 모르겠다. 파스타에 국물이 많아 면을 다 먹고 나면 늘 '밥 말아 먹었으면 좋겠네'라는 바람이 생겨서일 수도, 페페론치노를 제대로 이용한 파스타 덕분에 다 먹으면 개운하고 칼칼한 느낌이 나서일 수도 있겠다. 한 가지 분명한 건 시저는 떡볶이와 오뎅을 사 먹듯 출출할 때마다 쉽게 드나들 수 있는 파스타집이라는 거다.

"가장 좋은 음식은 '쌀밥 같아야 한다'라고 생각해요. 특별한 조리 과정이 없어도 신선한 재료에 충실하고 바로 만들어 내는 쌀밥 말이에요. 그래서 저희는 주문을 받으면 그때부터 면을 삶아요. 이제는 손님들도 알아주셔서 기다리는 걸 불편해하지 않아요." 그들은 밤마다 농담 반 진담 반으로 서로에게 "초심을 잃으면 안 돼"라고 얘기해 주곤 한단다. 얼마나 최선을 다해 손님을 대했는지에 대한 반성과 함께. 연인이 아닌 '부부 파스타집'이 된다 하더라도 그들의 첫 마음이 변하지 않았으면 좋겠다.

data
address 서울시 용산구 문배동 24-21 대림아크로타워 상가 101동 101호
telephone 02-6085-5301
time AM 11:30~PM 11:00
(일요일 쉼)

price
하노이 파스타 13,800원
해산물 (토마토 & 오일) 파스타 14,800원
로제 크림소스 파스타 11,800원
봉골레 14,800원
머쉬룸 리조또 14,800원
로제 리조또 14,800원
레드와인 스테이크 29,000원
고르곤졸라 피자 15,000원
루꼴라 피자 18,000원
하우스 샐러드 8,900원
시저 샐러드 11,900원

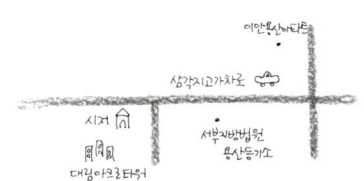

오픈주방의 좋은 점은 요리하면서 슬쩍 손님들의 반응을 살필 수 있다는 것과 조리하는 과정에서 생기는 음식 냄새가 손님들을 기분 좋게 만든다는 것이다.

pasta 18

하노이 파스타

stuff
스파게티 면 90g, 쇠고기(안심) 100g, 양파 40g, 브로콜리 4~5조각, 페페론치노 4~5개, 월계수 잎 2~3장, 하노이 육수 250㎖, 화이트와인·올리브유 30㎖씩, 통후추 1/4작은술, 소금 약간

하노이 육수(5~6인분)
쇠고기(양지머리) 300g, 양파 1/2개, 대파 2대, 월계수 잎 2장, 마늘 5쪽, 통후추 20개, 물 10컵

···· 하노이 육수 만들기
1 양지머리는 찬물에 담가 핏물을 뺀다.
2 냄비에 모든 재료를 넣고 센 불에서 끓인다.
3 한 번 끓어오르면 불을 약하게 하고 1시간 동안 푹 끓인 뒤 면포에 거른다.

tip
하노이 육수는 끓는 물에 얇게 썬 쇠고기를 담가 우려낸 뒤 스파이스 믹스(여러 향신료가 들어 있는 티백)를 2~3분간 넣어 뒀다 사용해도 된다.

1 달군 팬에 올리브유를 두르고 페페론치노를 볶는다.

2 페페론치노의 색이 진해지면 얇게 썬 양파, 브로콜리를 넣고 같이 볶는다.

3 양파 색이 투명해지면 센 불에서 화이트와인을 부어 한 김 나가게 해 비린내를 없앤다.

4 불을 줄인 뒤 하노이 육수와 통후추를 넣어 끓인다.

5 스파게티 면은 끓는 물에 약간의 소금과 월계수 잎을 넣고 7~8분 동안 삶아 찬물에 헹구지 말고 건져 놓는다.

6 삶은 스파게티 면과 안심을 넣어 젓가락으로 저어 주면서 육수의 양이 1/3 정도 남을 때까지 조린다.

pasta 19

해산물 토마토 파스타

1
달군 팬에 올리브유를 두르고 다진 마늘을 볶는다.

2
마늘이 노릇해지면 페페론치노와 크러시드 레드페퍼를 넣고 고추기름이 되도록 볶는다.

3
고추 향이 배어 나오면 다진 양파, 얇게 썬 양송이, 베이컨, 방울토마토를 볶는다. → 베이컨은 미리 볶아 기름을 빼 놓으면 파스타가 느끼해지지 않는다.

4
양파가 투명해지면 손질한 새우, 홍합, 모시조개, 오징어 링을 넣고 같이 볶는다.

5
새우의 색이 붉어지면 센 불에서 레드와인을 부어 한 김 나가게 해 비린내를 없앤다. → 레드와인은 토마토소스의 풍미를 더해 준다.

6
약한 불에서 물, **토마토소스**(p.15 참조), 통후추를 넣어 끓인다.

7
스파게티 면은 끓는 물에 약간의 소금과 월계수 잎을 넣고 7~8분 동안 삶아 찬물에 헹구지 말고 건져 놓는다.

stuff
스파게티 면 80g, 새우 3마리, 홍합·모시조개·오징어 링 3개씩, 방울토마토 3~4개, 페페론치노 3개, 다진 양파·양송이버섯 30g씩, 월계수 잎 2~3장, 베이컨·다진 마늘·파르메산 치즈가루 1큰술씩, 크러시드 레드페퍼 1작은술, 통후추 1/4작은술, 토마토소스 120㎖, 올리브유·물 60㎖씩, 레드와인 30㎖, 소금 약간

8
삶은 스파게티 면을 넣고 젓가락으로 저어 주면서 조린 뒤 그릇에 담고 파르메산 치즈가루를 뿌린다. → 그릇에 담고 치즈를 뿌리면 소금을 넣지 않아도 간이 알맞게 된다.

all about taste

터줏대감의 맛

Allo PaperGarden
알로 페이퍼가든

위_ 2층 주택을 개조한 알로 페이퍼가든의 실내. 전에 살던 집주인은 부자였을 것 같다. 공간은 넓고, 베란다는 테이블을 여럿 놓아도 널찍하고, 1층 정원에는 아름드리 나무를 심어도 될 정도니까. 오른쪽_ 1m 남짓한 틈새 사이로 주방이 보인다. 젊고 재기발랄한 셰프들은 아래층에서 빵을 굽고 2층에서 메뉴판에 있는 모든 음식을 쉴 새 없이 만들어 낸다.

'나도 이런 카페가 있었으면 좋겠다'라는 생각을 처음 하게 된 곳이 압구정동 페이퍼가든이다. 오랜 친구를 만날 때도, 연인을 만날 때도, 일적인 미팅을 할 때도, 특별히 가고 싶은 곳이 없을 땐 늘 이곳으로 향했던 것 같다. 잠이 아직 덜 깬 오전에는 견고한 크레마로 덮인 에스프레소 한 잔을, 배가 고프면 부드러운 코코넛 향이 감도는 커리 아이스를, 디저트가 당기면 무슨 무슨 '베리'로 끝나는 열매들과 아이스크림이 토핑된 벨기에 와플을 맛본다. 노출 콘크리트의 외벽, 높은 천장, 넓디넓은 공간이지만 녹이 슨 스틸 마감재와 와인상자에 심어 놓은 식물 때문인지 부잣집에 방문하는 기분 따윈 들지 않는다. 무턱대고 친절하지도, 웃음이 헤프지도 않은 스태프들은 컵에 물이 줄면 어느 틈에 다가와 조용히 따르고 있으니, 방목당하는 느낌도 없다. 그리고 이 모든 게 무척 자연스럽다. 로고가 크게 박힌 명품이 아니라 신인 디자이너의 재킷을 걸친 기분이다. 가리모쿠60의 가구가 이렇게 잘 어울리는 공간이 또 있을까. 페이퍼가든에 앉아 있을 때마다 나는 이곳 주인은 헬무트 랭의 화이트셔츠와 마르지엘라 팬츠가 잘 어울리는 여자일 거라 늘 상상한다.

압구정동 페이퍼가든의 2호점인 알로 페이퍼가든 역시 트렌디하면서 젊은 사람들이 좋아하는 취향을 유난스럽지 않게 담아냈다. 주택을 개조한 덕에 오밀조밀 정감이 넘치고 2층 창가에 앉아 있으면 따뜻한 햇살이 예쁜 그림자를 만들어 나도 모르게 휴대전화 카메라의 버튼을 자꾸만 누르게 된다. 게다가 비스트로계의 김밥천국이 아닌가 싶게, 메뉴는 배불리 먹을 수 있는 음식들로 가득하다. 오히려 파스타가 다른 음식들에 묻어가는 것 같아 아쉽다. 난 이곳의 메뉴가 파스타로만 채워지는 것도 나쁘지 않을 것 같은데···. 무엇보다 묵직하지 않아 좋고, 파스타를 맛볼 때마다 신기하게도 시원한 맥주 한 잔이 간절해지니까.

data
address 서울시 강남구 신사동 653-11
telephone 02-8443-8880
time AM 11:00~AM 1:00
homepage www.papergarden.co.kr

price
머쉬룸 크림 파스타 16,000원
씨푸드 파스타 16,000원
해산물 토마토 파스타 17,000원
페투칠레 파스타 16,000원
봉골레 17,000원
알리오 디 마레(해산물 오일) 18,000원
리가토니 파스타 17,000원
햄버거 스테이크 18,000원
버섯과 크림 리조또 15,000원

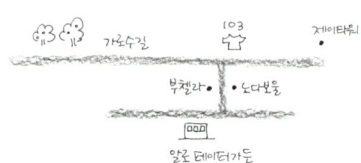

멀티플레이어가
만들어 내는
따뜻한 파스타

알로 페이퍼가든에는 유독 버섯이 들어간 메뉴가 많다. 버섯 샐러드와 머시룸 크림 파스타를 맛보고 '주인이 시골에서 버섯을 키우나' 여길 정도로 버섯의 신선도에 깜짝 놀랐는데 며칠 뒤 해산물 토마토 파스타에 든 통통한 새우와 홍합 살을 보고 재료에 대한 믿음이 생겼다. "다른 곳도 마찬가지겠지만 단가 높은 신선한 재료를 많이 써요. 특히 버섯은 많이 먹어 보고 테스트하죠. 품종마다 맛의 차이가 있어서 하나의 요리에도 다양한 종류를 사용해요. 느타리버섯만 해도 쫄깃함이 조금씩 달라 샐러드를 만들 때도 서로 다른 품종을 넣어 식감과 재미를 더합니다." 김재덕 메인 셰프의 얘기다. 그는 주방 끝 좁은 통로를 오르내리며 아래층에서는 빵을 굽고 위층에서는 요리를 하는 멀티플레이어. 12년 경력을 지녔지만 주방에선 모두들 그를 형이라 부른다. "셰프 3명이 처음 오픈 때부터 지금까지 함께 있거든요. 셰프 사이에 서열이 있는 게 싫어요. 가족적인 분위기에서 가볍고 재밌게 일하는 게 좋아요." 음식과 만드는 사람이 대단한 상관관계가 있는 건 아닐 텐데 그의 얘기를 듣고 있으면 이곳의 요리 스타일이 이해가 간다.

알로 페이퍼가든의 파스타는 호텔의 정교함 대신 순박한 가정식을 택했다. 파스타의 종류는 많지 않지만 365일 똑같은 메뉴가 아니라 한 달 기준으로 어떤 메뉴가 잘 나가는지 체크해 그 다음 달에 반영하는 식이다. 손님이 요구하는 것은 메뉴에 없더라도 해 준다. 그 가운데 스테디 아이템인 알리오 디 마레(해산물 오일 파스타)는 모시조개와 홍합 국물 두 가지를 써서 감칠맛이 뛰어나다. 드라마 <파스타>에서는 이선균이 '파스타는 국물이 하나도 없어야 한다'라고 하지만 이곳 파스타는 국물을 자작하게 만들어 후루룩 떠먹는 재미까지 있다. 머시룸 크림 파스타는 면보다 버섯을 풍부하게 넣어 쫄깃한 식감을 강조했다. "손님의 반응이 순식간이라 늘 긴장하고 있어야 해요. 오픈주방에서 손님들의 식사 모습을 볼 수 있다는 거, 사실 훔쳐보는 거라 기분 나쁘실 수도 있는데, 그렇게 표정 들여다보는 게 좋아요. 만드는 즐거움도 있지만 손님들이 드시면서 입꼬리가 올라가면 그날은 정말 신이 나요. 한번은 나이 지긋하신 분이 주방에 엄지를 들어 보이고 가신 적이 있었는데 정말 뿌듯했죠. 가로수길은 흐름을 잡기 참 까다로운 동네예요. 손님들의 선호 음식이 빠르게 변하니까요. 그래도 오래 기억되는 곳, 파스타만큼은 페이퍼가든에서 먹어야지, 이런 인식이 확실하게 생기는 곳이 되었으면 좋겠어요."

pasta 20

머시룸 크림 파스타

1
페투치네 면은 끓는 물에 소금을 넣고 삶다가 1/3쯤 익으면 찬물에 헹구지 말고 체에 건져 놓는다.

2
달군 팬에 올리브유와 다진 양파를 넣고 살짝 볶는다.

3
손질한 버섯을 넣고 더 볶다가 소금과 후춧가루로 간을 한다.

4
닭 육수(p.15 참조)를 붓고 삶은 페투치네 면을 넣어 같이 볶으면서 면에 육수가 충분히 배도록 한다.

stuff
페투치네 면 60g,
느타리버섯·백만송이버섯 8개씩,
양송이버섯 4개, 표고버섯 3개,
닭 육수 1컵, 휘핑크림·생크림·
우유 200㎖씩, 파르메산 치즈·
버터·다진 양파 1큰술씩, 올리브유
1½큰술, 바질페스토 1작은술,
소금·후춧가루 약간씩

5
휘핑크림, 생크림, 우유를 넣고 한 번 끓어오르면 파르메산 치즈를 넣는다.

6
농도가 걸쭉해지면 소금과 후춧가루로 간을 한다. 버터와 바질페스토를 넣으면 더 고소하고 담백하다.

pasta 21

알리오 디 마레

1
스파게티 면은 끓는 물에 소금을 넣고 삶다가 1/3쯤 익으면 체에 건져 놓는다.

2
달군 팬에 올리브유 2큰술을 두르고 편으로 썬 마늘을 넣고 노릇해질 때까지 볶는다.

3
다진 양파와 페페론치노를 넣고 살짝 볶는다.

4
손질한 해산물을 넣고 소금과 후춧가루로 간한 뒤 화이트와인을 부어 한 김 나가게 해 비린내를 없앤다.

5
홍합 국물(p.15 참조)과 삶은 스파게티 면을 넣어 같이 볶으면서 면에 국물이 충분히 배도록 한다.

6
조개 국물(p.15 참조)을 넣고 조금 더 끓여 자작해지면 바질잎, 반으로 썬 방울토마토를 넣고 올리브유 1큰술을 두른다. → 국물이 어느 정도 있게 해서 면과 같이 떠먹으면 좋다.

stuff

스파게티 면 60g, 모시조개 8개, 홍합 6개, 헤드레스 새우 5마리, 관자 3개, 갑오징어 50g, 방울토마토 3개, 마늘 3쪽, 바질 잎 3장, 페페론치노 1개, 홍합 국물 200㎖, 조개 국물 100㎖, 화이트와인 30㎖, 다진 양파 1큰술, 올리브유 3큰술, 소금·후춧가루 약간씩

pasta 22

해산물 토마토 파스타

stuff
스파게티 면 60g, 모시조개 8개, 홍합 6개, 헤드레스 새우 5마리, 관자 3개, 갑오징어 50g, 토마토소스 300g, 홍합 국물 200㎖, 바질 잎 3장, 올리브유 2큰술, 다진 양파 1큰술, 화이트와인·소금·후춧가루 약간씩

1
스파게티 면은 끓는 물에 소금을 넣고 삶다가 1/3쯤 익으면 체에 건져 놓는다.

2
달군 팬에 올리브 1큰술을 두르고 다진 양파를 넣고 볶는다.

3
손질한 해산물을 넣고 소금과 후춧가루로 간한 뒤 화이트와인을 부어 한 김 나가게 해 비린내를 없앤다.

4
토마토소스와 홍합 국물(p.15참조)을 붓는다.

5
삶은 스파게티 면을 넣어 끓인다.

6
다시 간을 본 뒤 바질 잎을 넣고, 올리브유 1큰술을 두른다.

all about taste

꽃남 3인방이
만들어 주는 파스타

파머 파스타

Farmer Pasta

이러지도 저러지도, 첫인상

우산을 쓰지 않으면 금세 눈을 뒤집어쓴 괴물이 되던 겨울날, 가로수길을 지나다 우연히 들어가게 된 곳이 파머 파스타다. 세탁소에서 방금 옷을 찾아 입은 것처럼 뻣뻣하고 깔끔한 느낌이 나는 가로수길의 여느 레스토랑과 달리 파트라슈가 뛰어나올 것같이 시골스럽고 아기자기한 인테리어에 한참을 두리번거린 기억이 난다. 농부가 만들어주는 파스타는 어떤 맛일까, 생각하고 있는데 꾸깃한 메뉴판을 들고 젊고 세련돼 보이는 남자가 걸어온다. 그리고 보니 불 앞에서 프라이팬을 들고 있는 사람도 젊은 남자, 밖에서 빗자루로 눈을 쓸고 있는 사람도 젊은 남자다. 지극히 여성스럽게 꾸민 공간과 테이블마다 들려오는 여자들의 웃음소리, 이 사이를 친절한 청년 셋이 왔다 갔다 하는 언밸런스한 모습이 흥미로웠다. 곰탕만 파는 곰탕집이나 평양냉면만 파는 평양냉면집처럼 파스타에 충실한 메뉴 역시 마음에 들었다. 매콤한 맛이 일품이라는 아마트리차나를 시켰고 얼마 후 흰 접시에 담긴 토마토소스의 파스타가 내 앞에 놓였다. 파스타 하나에 승부를 거는 집답게 화려하지 않은 담음새와 맛, 특히 토핑된 크레송과 섞어 먹는 토마토소스의 맛은 군더더기 없이 깔끔했다. 하지만 머리 바로 위에 달린 히터 바람은 머리카락을 날리는 것도 모자라 파스타 소스를 금세 엉겨 붙게 할 만큼 강력했다. 가정시간에 배운 '콜라겐의 젤라틴화'가 뚱딴지처럼 떠올랐다. 우리는 조심스레 매니저에게 컴플레인했고 그는 연방 죄송하다며 히터를 '꺼 버렸다'! 앗, 살짝 강약 조절만 하면 될 것을…. 어깨를 잔뜩 움츠린 채 몇 수저 더 먹다가 결국 손을 바들바들 떨면서 그 집을 나왔다. 그리고 문이 닫힐 때까지 그는 접시에 남은 파스타를 안타깝게 쳐다보며 우리에게 미안한 표정을 지었다.

1,2 이 작은 공간에 정말 많고 다양한 소품을 가져다 놓았다. 음식을 기다리며 구경하는 것도 쏠쏠한 재미. 3 문밖에서 손님을 맞이하는 칠판. 런치 세트메뉴 혹은 새로운 메뉴가 적혀 있다. 4 별거 아닌 부대 자루도 이곳에서는 귀한 인테리어 소품이다. 5 파머 파스타의 외관. 간판이 이렇게 귀여운데도 가로수길 큰 도로에서 조금 벗어난 곳에 자리한 터라 눈에 잘 띄지 않는다. 6 이탈리아 시골로 놀러 가고 싶게 만드는 풍경사진. 칠이 벗겨진 하얀 프레임도 정겹다.

d a t a
address 서울시 강남구 신사동 535-17 1F
telephone 02-543-2542
time PM 12:00~PM 10:00

p r i c e
홍합 토마토 9,000원
볼로네제 10,000원
아마트리치아나 13,000원
꽃게 링귀니 15,000원
알리오 에 올리오 9,000원
루꼴라 봉골레 11,000원
까르보나라 13,000원
로제 풍기 14,000원
고르곤졸라 12,000원
새우 크림 리조또 13,000원
그린 샐러드 7,000원
카프레제 10,000원
볶은 루꼴라와 그릴에 구운 모듬야채 샐러드 11,000원

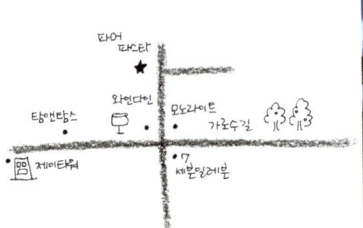

다시 봄,
파머 파스타에 어울리는 계절

히터를 틀지 않아도 되는 날, 나는 오래 조리하지 않으면서 매콤하고 고소한 소스 맛이 그리워 파머 파스타를 찾았다. 여전히 청년 셋은 놀이터에 있는 아이들처럼 즐거운 마음으로 이곳을 지키고 있었고, 처음 맛봤던 깨끗한 소스 맛도 그대로였다. 어떤 날은 돼지 목살을 넣은 김치찌개가 먹고 싶은 반면, 또 어떤 날은 참치캔을 넣은 담백한 김치찌개가 당기는 것처럼 파스타도 마찬가지다. 사람의 입맛이란 참으로 변덕스러운 것이어서 뭉근히 끓여서 진득해진 소스가 간절하다가 또 다음 날은 언제 그랬냐는 듯 죽처럼 주르륵 흐르는 소스가 더 맛있게 느껴진다. 파머 파스타의 좋은 점은(요즘 영민한 레스토랑들이 그렇듯) 일대일 맞춤식 파스타가 가능하다는 거다. 특별히 메뉴를 바꾼다기보다 면이 많았으면 좋겠다고 하면 곱빼기로 면을 삶고, 이탈리아 맛 그대로 해 달라고 하면 그렇게 하고, 조린 소스를 원하면 또 그렇게 한다.

"손님이 원하는 건 아마 그 순간, 세상에서 가장 먹고 싶은 음식일 테니까요."
꽃남 3인방 중 안재영 메인 셰프의 말이다.

아르바이트생 빼고 셋 다 셰프라서 그들은 시시때때로 요리에 대한 의견을 주고받는다. 다른 곳에 비해 요리에 대해 친절하게 설명해 주는 인상을 받는 것도 홀매니저조차 셰프라서다. 메뉴판에 있는 26가지의 요리(2011년 5월 현재 조금 바뀌었다)는 가로수길이라는 지역과 20대 후반에 맞춘 것이나 청년 셋은 이탈리아사람들처럼 냉장고에 있는 재료로 즉석에서 시골스럽게 해 먹는 파스타가 더 좋은 것 같다며 입을 모은다.

"음식의 기본 틀을 벗어나지 않으면서 그 안에서 정말 맛있게 하는 게 기술 아닐까요?"
오픈하기 전, 안재영 메인 셰프는 파스타 서너 가지만 하자고 할 정도로 맛으로 승부하고 싶어했다. 현실적이지 않아 이룰 수 없었지만 그는 찌개만 찾는 아저씨도 맛있게 먹을 수 있는 파스타를 만들고 싶단다. "김치를 만들 줄 알아야 맛있는 김치찌개를 만들 수 있듯이 정석을 알아야 퓨전도 해요. 저는 정석을 갖추되 한국적인 입맛으로 바꾸려고 노력합니다." 내가 즐겨 찾는 아마트리차나 맛도 그런 걸까. "토마토 당도와 매운맛의 균형이 가장 중요해요. 달기만 해도 안 되고 맵기만 해도 안 되며 두 맛이 함께 살아 있어야 하죠. 토마토와 고추의 양 조절은 물론 매콤한 맛을 중화시키면서 부드럽고 고소한 맛을 내기 위해 치즈를 넣습니다."

파머 파스타에서 내가 좋아하는 자리는 바깥 야외 테이블이다. 주차장이었던 공간에 인조잔디를 깔고 귀여운 테이블과 의자를 놓았는데 나만 좋아했던 게 아니었는지 그곳부터 손님이 찬다. 친구와 둘이 가서 파스타 하나, 피자 하나 시켜 놓고 짝꿍처럼 나눠 먹지 못하는 게 가장 아쉽지만(이곳에는 피자도 팔지 않는다) 후식으로 내주는 티라미수 케이크와 강남 같지 않은 가격은 파머 파스타라서 가능한 일이다.

pasta 23

아마트리차나

1
스파게티 면은 끓는 소금물에 8~ 10분 정도 삶아 찬물에 헹구지 말고 건져 놓는다. 면 삶은 물은 따로 둔다.

2
달군 팬에 올리브유를 두르고 베이컨을 잘게 잘라 넣는다. → 베이컨을 바삭하게 볶는 게 맛의 포인트.

3
편으로 썬 마늘을 넣고 볶다가 얇게 썬 양파와 버섯, 방울토마토, 페페론치노 순으로 넣어 함께 볶는다.

4
홀토마토를 넣고 스파게티 면 삶은 물 100㎖를 붓는다. → 소스의 텁텁함을 없애기 위해서인데 그냥 물을 섞어도 된다.

5
삶은 스파게티 면을 넣고 소스가 잘 배도록 저으면서 조린다.

stuff
스파게티 면 160g, 베이컨 2장, 느타리버섯 4~5개, 양송이버섯 2개, 방울토마토 4~5개, 페페론치노 7~8개, 양파 40g, 마늘 10g, 홀토마토 150㎖, 모차렐라치즈 80g, 그라나파다노 치즈가루 15g, 올리브유·소금·후춧가루 약간씩

6
소금, 후춧가루로 간하고 그라나파다노 치즈가루를 섞은 뒤 모차렐라치즈를 면 가운데 넣어 말아서 접시에 담는다.

pasta 24

볼로네세

s t u f f
스파게티 면 160g, 다진 돼지고기 100g, 다진 양파 40g, 방울토마토 4~5개, 바질 잎 3~4장, 오레가노 잎 2장, 그라나파다노 치즈가루 15g, 마늘 10g, 홀토마토 150㎖, 레드와인·올리브유·소금·후춧가루 약간씩

1
스파게티 면은 끓는 소금물에 8~10분 정도 삶아 찬물에 헹구지 말고 건져 놓는다. 면 삶은 물은 따로 둔다.

2
달군 팬에 올리브유를 두르고 다진 돼지고기, 편으로 썬 마늘을 볶다가 다진 양파, 반으로 썬 방울토마토를 넣고 더 볶는다.

3
레드와인을 부어 한 김 나가게 해 비린내를 없앤다.

4
홀토마토와 스파게티 면 삶은 물 100㎖를 넣고 돼지고기 맛이 배어 나오도록 약한 불에서 끓인다. → 홀토마토 1kg에 설탕 50g, 소금 30g, 후춧가루 20g, 바질 잎 20장을 넣어 손으로 으깬 뒤 냉장고에 하루 숙성시켜 조리하면 풍미가 훨씬 좋아진다.

5
삶은 스파게티 면을 넣고 소스가 잘 배도록 저으면서 조린 뒤 소금, 후춧가루로 간하고 그라나파다노 치즈가루를 뿌린다.

6
바질과 오레가노 잎을 손으로 뜯어 넣고 비빈 다음 접시에 담는다. → 마른 바질과 오레가노로 대체할 경우 넣는 양을 1/3로 줄인다.

all about taste

파스타도
패셔너블하게

르 카페 *Le Café*

파스타를 그렇게 자주 먹으면서도 유독 크림 파스타만은 어려운 상대다. 지금까지 다 먹어 본 기억이 글쎄, 있었던가, 없었던가. 물론 주문할 때는 입안 가득 전해질 고소함과 온몸을 녹일 것 같은 부드러움을 잔뜩 기대한다. 그러고는 역시나 똑같은 패턴의 반응이 시작된다. 첫 번째 목 넘김, "그래, 바로 이 맛이야." 두 번째, "치즈 맛이 아주 진하군." 세 번째, "여기, 피클 좀 주세요." 네 번째, "토마토 스파게티는 어떠니?" 다섯 번째, "휴~ 아직 많이 남았네."
촌스럽게도 생크림과 치즈 둘 다 썩 좋아하지 않는 나로서는 매번 크림 파스타 완주에 실패하곤 한다. 이런 나에게 어느 날 친한 동생이 '크림 파스타 진짜 맛있게 하는 집 발견!'이란 문자메시지를 보내왔고 다음 날 함께 우리는 르 카페로 향했다. 결과는? 넓적한 페투치네 면을 몽땅 골라 먹고도 흥건하게 남은 소스가 아까워 함께 내준 나뭇잎 모양의 빵을 악착같이 찍어 먹고 말았던 것! 혹 이 집의 크림 파스타를 맛본 이들 중에는 '생크림과 치즈로만 맛을 낸 정통 크림 파스타가 아니라서'라는 이유를 들이댈지 모르겠으나 이곳 주인의 설명이 바로 내가 하고 싶은 얘기다. "왜 크림 파스타는 크림의 느끼함과 고소함으로만 먹어야 하느냐는 반박에서 출발했어요. 고소한 맛을 유지하되 느끼함을 줄일 수 있는 방법이라면 역시 매콤함 아닐까, 비주얼적으로 다른 색을 내는 것도 좋겠네 등등 많은 고민을 했어요. 그래서 매운맛이 살짝 도는 '특제소스'를 개발하게 되었고 르 카페에서 가장 인기 있는 메뉴가 되었습니다. 고소함과 느끼함, 매콤함을 골고루 즐기자는 거죠."

공간을 만드는 재미,
안 해 보신 분은 몰라요

파스타에 대한 얘기를 하기 전, 나는 르 카페의 주인을 오래전부터 만나고 싶었다. 잡지 에디터를 하던 시절 도산공원 근처에 '피프티(Fifty)'라는 카페가 있었는데 마치 그곳을 모르면 트렌드에 젬병인 양 모두(사진가, 모델, 패션디자이너, 영화감독, 압구정 순례자, 케이블TV에 자주 나오지만 이름은 잘 모르는 연예인 등등) 잔칫집에 몰려가듯 피프티 문을 두드렸다. 때로는 작정하고 외출 나온 듯 샤넬 퀼팅백을 어깨에 메고, 때로는 집 앞에서 걸어 나온 듯 추리닝 바람으로. 피프티는 분명 사람을 빨아들이는 힘이 있었다. 1, 2층을 시원하게 터 버린 대담한 구조, 키친과 홀의 세련된 레이아웃, 하얀 벽면에 'No Stress Cafe?'라고 써 있는 재치 만점의 빨간 글씨, 시멘트 바닥과 앤티크 소품이라는 부조화 속의 질서, 100점짜리 음식은 아니지만 굳이 탓할 것도 없는 메뉴들, 후진을 기가 막히게 하는 주차요원…. 내공 있는 작가의 시나리오를 열정으로 뭉친 입봉 감독이 착실하게 풀어낸 느낌이었다. 그러니까(눈치챘겠지만) 르 카페는 피프티를 성공시킨 장용한 주인의 두 번째 프로젝트란 말이다.
"전에 카페를 운영하다 건강이 안 좋아지고, 카페에만 집중하다 보니 우물 안 개구리가 되는 느낌이 들어 과감히 접었어요. 1년 정도 쉬면서 그 다음엔 뭘 할까, 생각했죠. 한 아이템으로 승부를 거는 프랜차이즈를 할까, 아니면 다시 한 번 카페를 할까, 망설이다 후자를 택했습니다. 이런 공간을 만드는 재미는 아무도 몰라요. 인테리어, 메뉴 개발, 소품 구입까지 모든 부분을 손님 입장에서 신경 쓰고 고민해야 돼요. 제가 원하는 결과물이 100% 나오는 경우는 진짜 드물뿐더러 할 수 없는 제약들도 많아요. 그럼에도 이런저런 과정을 통해 얻게 된 결과물을 보면 말로 표현할 수 없을 만큼 즐거워요. 그래서 힘들어도 하게 되는 것 같아요." 요리를 하기 전 그는 패션 분야에서 일했다고 한다. 준코 고시노(Junko Koshino)와 데코(Deco) MD를 거쳐 타임 남성복에선 디자인을 했다. "디자이너가 싫다고 느낀 적은 한 번도 없었는데 문득 더 나이 들기 전 새로운 일에 도전하고 싶다는 생각을 했어요. 부모님의 반대에도 불구하고 파리 르 코르동 블루로 유학을 떠났죠. 요리와 제과제빵을 한 번에 배우는 그랜드 디플로마(Grand Diploma) 과정을 마치고 알랭 뒤카스가 헤드 셰프로 있는 ADPA에서 일하게 되었어요. 파리에 있다가 뉴욕으로 건너가 계속 일하고 싶었지만 아버지가 갑자기 돌아가시는 바람에 부득이하게 한국으로 돌아와야 했지요. 그래서 내린 결정이 디저트로 유명한 '르 브리스톨(Le Bristol) 호텔의 디저트 파트에서 일하고 귀국하자'였어요. 계획대로 그곳에서 일을 마치고 돌아와 압구정동에 피프티를 열게 되었습니다." 피프티의 결과에 대해 그는 '만족'이란 단어를 썼다.

다수(多數)가 좋아하는 맛을 위해

피프티가 뻥 뚫린 시원한 감성을 담았다면 르 카페는 비밀스럽다. 아지트 느낌이 나면서 연인과 밀애를 즐기기에 안성맞춤이다. 밥을 먹어도 좋고 차만 마셔도 좋으며 와인을 한 잔 해도, 맥주를 들이켜도 나쁘지 않다. 운이 좋으면 구석에 모자를 푹 눌러쓴 연예인도 심심치 않게 만날 수 있다. 트렌디한 음악 덕분에 3시간을 죽치고 있어도 지루하지 않다. 무심한 듯 보이나 내실은 역시나 철저한 계획과 계산이 숨어 있었다. 다시 르 카페의 파스타 얘기를 해볼까. 크림 파스타 외에 끼니마다 고기가 필요한 이들을 위한 안심 토마토 파스타는 다진 소고기를 넣는 미트소스 파스타를 변형한 메뉴다. 지금까지도 볼로네세는 대중에게 가장 인기 있는 파스타인데, 소스의 맛과 향을 그대로 유지하면서 안심을 센 불에 볶아 불 맛을 입히고 고기의 씹는 맛을 강조했다. 그런가 하면 새우 올리브오일 파스타는 한국인이라면 누구나 좋아하는 새우를 이용하되 좀 더 매콤하고 감칠맛이 나도록 조개 국물과 레드페퍼를 더했다. "공간이든 맛이든 '특정집단'은 제게 아무 의미가 없어요. 일반적인 맛이든 유니크한 맛이든 많은 사람이 좋아해야 한다는 겁니다. 그래야 누구나 어렵지 않게 쉬고 갈 수 있으니까요." 그의 말과 별개로, 여전히 르 카페에는 (내 눈에) '특정집단'으로 보이는 우아한 차림의 사람들이 테이블에 앉아 있다. 포크와 수저로 파스타를 돌돌 말아 입안으로 밀어 넣은 뒤 호가든 한 모금으로 마무리하는 모습, 예쁘다.

1 르 카페의 모던하면서 묵직한 철문. **2** 이곳의 실내는 한 가지 스타일로 규정할 수 없다. 한참 유행하는 레트로 스타일도 아니고, 결벽증 환자처럼 깨끗하고 깔끔한 것만 추구하지도 않는다. 제각각인 의자와 테이블, 철골로 만든 잡지꽂이, 할로겐 조명, 벽에 걸린 소품 등 다양한 것이 자연스럽고 편안한 공간을 만들고 있다. **3** 가게 이름에서도 느낄 수 있듯 주인이 생각하는 르 카페의 컨셉트는 '심플'이다. **4** 친절하게 설명된 메뉴판.

data
address 서울시 강남구 신사동 651-8 1층
telephone 02-544-3700
time AM 11:30~AM 12:00

price
해물 크림 파스타 15,000원
해물 토마토 파스타 15,000원
안심 토마토 파스타 16,000원
버섯 베이컨 크림 파스타 14,000원
게살 크림 파스타 16,000원
새우 올리브오일 파스타 16,000원
스패니쉬 해물라이스 15,000원
머쉬룸 소시지 토마토 파스타 15,000원
봉골레 15,000원

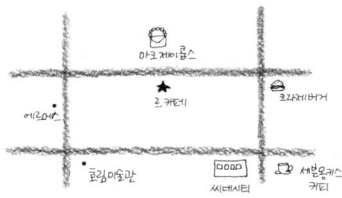

안심 토마토 파스타

stuff

스파게티 면 150g, 쇠고기(안심) 110g, 양송이버섯 2개, 마늘 2쪽, 바질 잎 2~3장, 양파 1/4개, 닭 육수 · 토마토소스 180㎖씩, 레드와인 3큰술, 파슬리 1/2작은술, 파르메산 치즈 · 올리브유 · 소금 · 후춧가루 약간씩

1
달군 팬에 올리브유를 두르고 편으로 썬 마늘을 볶는다.

2
두툼하게 자른 양송이버섯과 잘게 썬 양파, 안심을 넣고 소금, 후춧가루로 간을 하며 볶는다.

3
레드와인을 부어 한 김 나가게 해 비린내를 없앤다.

4
스파게티 면은 끓는 소금물에 8~10분 정도 삶아 찬물에 헹구지 말고 건져 놓는다.

5
닭 육수(p.15 참조)를 붓고 삶은 스파게티 면을 넣어 잘 푼다.

6
토마토소스(p.15 참조), 바질 잎, 파슬리를 넣고 면에 소스가 밸 때까지 저어 가며 끓이다 알맞은 농도가 되면 접시에 담아 파르메산 치즈를 올린다.

pasta 26

새우 올리브오일 파스타

stuff

링귀네 면 170g, 새우 6마리, 안초비 2마리, 마늘 2쪽, 바질 잎 2~3장, 조개 국물 180㎖, 화이트와인 3큰술, 다진 양파 1½큰술, 레드페퍼 1작은술, 파슬리 1/2작은술, 크레송 잎·올리브유·소금·후춧가루 약간씩

1
달군 팬에 올리브유를 두르고 편으로 썬 마늘을 볶는다.

2
마늘이 노릇해지면 새우, 다진 양파, 잘게 썬 안초비, 소금, 후춧가루를 넣고 볶는다. → 매콤한 맛을 원하면 할라페뇨를 잘게 다져 넣어도 좋다.

3
화이트와인을 부어 한 김 나가게 해 비린내를 없앤다.

4
조개 국물(p.15 참조)을 붓고 레드페퍼, 파슬리, 바질 잎을 넣어 끓인다.

5
링귀네 면은 끓는 소금물에 8~10분 정도 삶아 찬물에 헹구지 말고 건져 놓는다.

6
삶은 링귀네 면을 넣고 소스가 잘 배도록 저어 가며 끓이다가 알맞은 농도가 되면 접시에 담아 크레송 잎을 올린다.

pasta 27

게살 크림 파스타

1
달군 팬에 올리브유를 두르고 편으로 썬 마늘을 볶는다.

2
마늘이 노릇해지면 게살, 애느타리버섯, 다진 양파를 넣고 볶다가 소금, 후춧가루로 간한다.

3
화이트와인을 부어 한 김 나가게 해 비린내를 없앤다.

stuff
페투치네 면 170g, 게살 40g, 애느타리버섯 60g, 마늘 2쪽, 바질 잎 2~3장, 화이트와인 3큰술, 다진 양파 1½큰술, 파슬리가루 1/2작은술, 홍합 국물 · 생크림 180㎖, 파르메산 치즈 · 날치 알 · 크레송 잎 · 올리브유 · 소금 · 후춧가루 약간씩

4
페투치네 면은 끓는 소금물에 8~10분 정도 삶아 찬물에 헹구지 말고 건져 놓는다.

5
홍합 국물(p.15 참조)을 붓고 삶은 페투치네 면을 넣어 잘 푼다.

6
생크림을 붓고 바질 잎, 파슬리가루, 파르메산 치즈를 넣어 조린다. 소금, 후춧가루로 간한 뒤 날치 알을 넣어 버무리고 크레송 잎을 올린다.

all about taste

사치에
아줌마처럼

710 언어더맨 *710 Another Man*

위로가 필요한 순간이 점점 많아진다. 가장 가까이에 있는 그 사람에게 받는 위로라면 더할 나위 없겠지만 나는 때때로 내가 키우는 요크셔테리어의 눈동자에서 위로를 받고, 베란다에 놓인 메타세쿼이아 묘목에게서 따스함을 느끼며, 아주 가끔은 차디찬 맥주 한 잔에 썩은 속을 달래 보기도 한다. 그리고 맛있는 음식으로도 위로가 된다는 사실을 부암동의 710 언더더맨을 통해 알게 됐다. 어쩌다 부암동이 핫한 동네가 됐는지 모르겠지만 내게 부암동은 쓸쓸한 저녁 같다. 8년 전쯤인가, 잡지사에서 죽이 잘 맞는 후배를 알게 됐고 낮이나 밤이나 붙어 다니다 보니 남자친구보다 더 자주 만나게 됐는데 그 후배 집이 부암동 언덕에 있었다. 우리는 회사 일이 끝나면 치어스에 앉아 닭다리를 뜯으며 반지하라도 좋으니 돈 모아서 부암동에 카페 한 번 차려 볼까, 치어스 주인아줌마와 친해져 닭 튀기는 기술을 배워 볼까, 결혼하면 신혼집으로 이 동네에 3층짜리 집을 지을까, 뜬구름 같은 얘기들로 시간을 보냈던 것 같다. 누군가와 환기미술관의 마당도 거닐었고 클럽에스프레소에서 런던 기타리스트처럼 유약하게 생긴 남자와 소개팅도 해 봤는데 왜 부암동에 오면 그 애 생각만 나는지 모르겠다. 이런저런 이유로 서로가 등을 돌리게 됐기 때문인지, 어쩌면 그 애가 지구 반대쪽에 있기 때문인지도.

부암동을 좋아하는 사람들을 보면 신기하게도 모두가 이 동네와 얽힌, 잔잔하면서 문득 떠오르는 기억 하나쯤 가지고 있는 것 같다. 마치 투명하고 단단한 유리로 된 돔이 이곳을 감싸고 있어서, 여기서 벌어진 즐거운 일들이 빠져나가지 못하는 게 아닌가 싶게.

710 언더더맨은 이런 부암동의 성격을 가장 곱고 세밀하게 표현하고 있다. 거친 듯하면서 정성을 담았고, 제각각이지만 그 안에 담긴 질서는 깊이가 있다. 이런 곳에서는 천천히 여유를 부리며 루왁커피 한 잔을 음미하거나 호가든을 유리잔에 따라 오랫동안 홀짝여야 제맛이다, 잔잔한 영화처럼. 하지만 이 집의 결정적인 흠 때문에 난 한 번도 성공한 적이 없다. 음식이 너무 푸짐하고 맛있는 바람에 입속으로 밀어 넣기도 바쁜 거다. 잔잔한 영화는커녕 정신없는 시트콤이 돼 버리고 마니, 웃어야 할지 울어야 할지.

위_ 들어가지 않으면 안 될 것 같은 710 언더더맨의 입구. 칠이 벗겨진 물건들, 우리 집 베란다에도 있는 화분이 지나가는 사람마저 기분 좋게 만든다.
아래_ 실내는 '이런 걸 다 어디서 구했을까' 하나하나 물어보고 싶은 소품으로 가득하다. 비싸 보이지 않는데도 혼자 보면 너무 아까워 자꾸만 카메라 버튼을 누르게 된다.

동네분들을 위한
점심식사

710 언더더맨의 뜻은 7월 10일 세 남자가 의기투합을 했다는 의미. 별거 아닌 것 같으면서 한 번 들으면 잘 잊혀지지 않는다. 이민영 오너 셰프는 여자지만 그녀의 동생 같은 나머지 셰프 셋은 모두 남자다. 그녀 얘기를 먼저 하자면 요리가 좋아서 스무 살 때부터 고급 레스토랑 주방에 들어가 독하다는 소리 들으며 열심히 배웠다. 자신이 만든 요리를 먹으며 사람들의 기분이 좋아지는 게 그렇게 즐거웠다. 가게에서 셰프와 사장의 관계에 분열이 생기는 게 싫고 또 마음 편하게 요리하고 싶어 스스로 오너가 됐다. 일이라 생각하면 못하고, 그저 '요리'하는 게 너무 좋아 케이터링 서비스도 동료들과 함께 즐겁게 나간다. 남자 셋 동료들과의 인연도 각별한데 모두 이탈리안 레스토랑에서 14년간 일하면서 알게 된 동생들이라고 한다. 1명은 그가 열아홉에 그녀를 만났고, 다른 1명은 그녀와 8년을 함께했으며, 나머지 1명은 5년째다.

사실 이곳은 파스타보다 점심 메뉴로 유명하다. "인테리어 공사를 하면서 동네분들과 친해졌는 데 점심으로 먹을 만한 메뉴를 만들어 달라 하시더라고요. 그래서 오픈과 동시에 샐러드, 햄버거, 메밀국수 같은 점심으로 좋은 식사를 만들었죠. 그게 대박이 난 거예요. 그렇게 소문이 나면서 두 달째부터는 손님이 바글바글했어요. 석 달째부터는 예약을 받아야 할 정도로요. 주말에는 예약을 받을 수 없어 손님들 전화번호를 받아서 자리가 나면 오시라고 직접 연락드려요. 손님들도 미술관 돌고 산책하면서 즐겁게 기다려 주시고요."

그렇다고 파스타가 점심 메뉴에 뒤진다는 건 절대 아니다. 토마토소스와 생크림이 4:1의 비율로 들어간 감베테티 스파게티는 토마토의 새콤한 맛과 생크림의 부드러움, 날치 알이 톡톡 터지는 재미있는 식감을 접시 하나에 담았다. 그런가 하면 선드라이드 토마토 스파게티는 먹다 보면 느끼해지고 치즈가 면에 붙어 뻑뻑해지기 쉬운 마늘 파스타의 아쉬운 점을 바질페스토로 보완했다. 바질의 맛과 향이 느끼함을 없애 주고 선드라이드 토마토의 짜릿한 맛이 여운을 남긴다.

"그냥 동료들과 먹고 싶은 거 만들어 보다가 개발했어요. 우리가 좋아하는 맛을 손님들이 온전히 느낀다면 바랄 게 없지요. 우리는 주방에서 홀까지 가는 시간이 짧아 파스타가 맛있어요. 작은 음식점의 좋은 점은 면이 붇지 않은 상태에서 미지근하지 않고 연기가 올라올 정도로 따끈하게 대접할 수 있다는 거예요."

음식도 음식이지만 난 710 언더더맨이 많은 이에게 사랑 받는 더 큰 이유는 그녀의 마음 씀씀이라고 생각한다. 그녀는 조금 한가해지면 커피를 그냥 내주기도 하고 손님의 수다에 귀 기울이며 동네 한 바퀴 돌면서 어르신들에게 인사하는 것도 잊지 않는다. 영화 〈카모메 식당〉에서 사치에 아줌마의 주먹밥이 핀란드사람들을 녹게 했듯 그녀의 배려와 요리가 부암동 주민들을 행복하게 만들고 있었다. 그래서 이곳을 찾는 이들은 테이블에 소스 덩어리를 흘려도 눈치 따위 보지 않는 편안함을 느끼나 보다. 일상의 위로란 이런 게 아닐까.

d a t a
address 서울시 종로구 부암동 239-9
telephone 02-395-5092
time AM 11:30~PM 10:00
(매월 첫째 월요일 쉼)
homepage www.710anotherman.com

710 언어더맨에서 발견한 것들
주인의 열정과 정성을 제대로 파악할 수
있는 물건들이 곳곳을 메우고 있다.
에펠탑 흑백사진도, 먼지 묻은
접시 하나도, 백설공주와 일곱 난쟁이 벽
장식도 모두 주인의 추억이 묻은 것들.
손님은 이러한 풍경을 보며 또 다른
추억을 만든다.

p r i c e
감베레티 스파게티 13,000원
선드라이드 토마토 스파게티 12,000원
버섯 크림 스파게티 13,000원
봉골레 13,000원
마늘 스파게티 12,000원
런치 메뉴(햄버그 스테이크를 곁들인 라이스,
오리엔탈 치킨요리를 곁들인 라이스) 7,000원

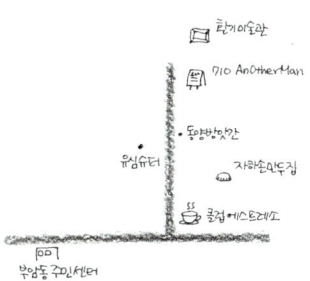

선드라이드 토마토 스파게티

stuff
스파게티 면 200g, 선드라이드 토마토 20g, 마늘 5~6쪽, 페페론치노 2개, 닭 육수 1컵, 올리브유 1큰술, 바질페스토·파르메산 치즈·소금 약간씩

1
스파게티 면은 끓는 소금물에 8~10분 정도 삶아 찬물에 헹구지 말고 건져 놓는다.

2
달군 팬에 올리브유를 두르고 편으로 썬 마늘을 옅은 갈색이 될 때까지 볶다가 페페론치노를 넣고 좀 더 볶는다. → 마늘이 안 타도록 주의한다.

3
닭 육수(p.15 참조)를 붓고 불을 세게 해 육수가 끓기 시작하면 삶은 스파게티 면을 넣어 푼다.

4
선드라이드 토마토를 넣고 끓인다. → 선드라이드 토마토는 오븐에 직접 구워 만들어도 되고 시중에 파는 통조림을 구입해도 된다.

5
소금 간을 한 뒤 면에 맛이 배도록 조린다.

6
바질페스토와 파르메산 치즈를 넣어 섞은 뒤 접시에 담는다.

pasta 29

감베레티 스파게티

1
달군 팬에 올리브유 1큰술을 두르고 편으로 썬 마늘을 옅은 갈색이 될 때까지 볶다가 페페론치노를 넣고 좀 더 볶는다. → 마늘이 안 타도록 주의한다.

2
손질한 새우와 데친 브로콜리를 함께 넣고 볶는다.

3
화이트와인을 부어 한 김 나가게 해 비린내를 없앤다. → 플랑베를 할 때는 불꽃이 솟구치므로 불이 나지 않도록 주의한다.

4
조개 국물과 토마토소스(p.15 참조)를 차례로 부어 끓인다.

5
스파게티 면은 끓는 소금물에 8~10분 정도 삶아 찬물에 헹구지 말고 건져 놓는다.

6
소스가 끓기 시작하면 삶은 스파게티 면을 넣고 끓인다.

7
소스를 걸쭉하게 조린 뒤 날치 알과 생크림을 넣어 소금 간을 한다.

8
올리브유 1큰술을 살짝 두르고 면과 소스를 잘 버무린 뒤 접시에 담아 이탈리아 파슬리 가루를 뿌린다. → 마지막에 올리브유를 넣으면 면과 소스가 잘 버무려지고 윤기 있게 코팅하는 효과가 있다.

stuff

스파게티 면 90g, 중하(시바 새우) 4마리, 새우(작은 것) 3마리, 브로콜리 4~5조각, 마늘 3~4쪽, 페페론치노 2개, 토마토소스 300㎖, 화이트와인 10㎖, 조개 국물 1컵, 올리브유 2큰술, 생크림·날치 알·소금·이탈리아 파슬리가루 약간씩

all about taste

아침이
얼마나
바쁠까

카페 디미 *Café Dimi*

'맛을 알다(知味)'라는 뜻의 옛 표현, 디미. 두 사람이 앉을 수 있는 테이블 2개와 4명이
앉을 수 있는 테이블 1개가 전부인 아담한 공간이지만 이곳의 메뉴판에는 이렇게 써 있다.
1. 유기농 채소를 사용합니다. 2. 매일 아침 생면 반죽을 하여 파스타를 만듭니다.
3. 디미에서 제공하는 모든 디저트와 빵은 홈메이드 방식으로 만들어 냅니다.
"저희는 전문 요리사가 아니라서요"라고 디미의 주인 둘은 수줍게 말하지만 뭐가 부족한지
찾을 수 없는 건강식 요리를 선보인다.
내가 이곳에서 처음 맛본 요리는 파스타가 아니라 '피자레타'였는데 '이 비싼 유기농
루콜라와 프로슈토를 이렇게 많이 얹어도 되나' 싶게 플랫브레드 위에 올려진 재료들은
싱싱하고도 풍성했다. 이렇게 좋은 재료들로 만든 음식이라면 밀가루 반죽에 물렸더라도
용서될 지경이었는데 놀랍게도 맛도 좋았다. 루콜라는 빵과 적절하게 만나 씹을수록
단맛을 냈고, 자칫 단순해질 뻔한 식감을 프로슈토 조각의 쫄깃함과 감칠맛으로 완성했다.

1 선반 위의 유리병에는 파스타에 들어가는 각종 허브가 담겨 있다. 2,3,4 카페 디미에는 유난히 그릇이 많다. 모두 국내에서 구하기 어려운 것들. 안지윤·이희재 주인이 1년에 한 번씩 유럽 여행을 갈 때마다 트렁크에 한가득 들고 온 귀한 그릇들이다. 원하면 구입할 수도 있다. 5 이곳에 앉아 있으면 경복궁의 아름다운 돌담길이 보인다. 6 지인이 그려 준 두 주인의 얼굴. 닮았는지 닮지 않았는지는 모르겠다.

음식 남기는 걸 싫어하기도 하지만 이 집에서만큼은 하나도 남기고 싶지 않았다. 밭에서 방금 따 온 재료를 그대로 쓰레기통에 버리는 것 같은 죄스러운 마음에 주문하자마자 구워 준 것 같은 빵도 부스러기 하나 남기지 않고 모두 먹었다. 아침마다 반죽한다는 생면 파스타가 궁금하지 않을 수 없었다.

컨셉트 다이닝 '디미'와 카페 '디미'

대학원에서 만난 안지윤과 이희재 주인. 한 사람은 요리 스튜디오에서 푸드스타일리스트로, 다른 한 사람은 음식 관련 업종에서 디자인 일을 하면서 레스토랑 매니저로 있었는데 둘의 바람은 똑같이 음식 잘하는 푸드스타일리스트였다. '가지고 있는 재주가 다르니까 합치면 재밌지 않을까' 하는 막연한 생각이, 시간이 지날수록 구체화됐다. 음식에 대한 꿈을 좇아왔기 때문에 맛있는 즐거움이 얼마나 큰지 많은 이에게 알려 주고도 싶었다.

졸업할 때 둘 다 독립할 시기가 돼서 옥인동에 9평짜리 가게(작지만 기와집 사랑채를 리모델링하여 운치 있다)를 열었다. 요리 촬영과 디스플레이 정도로 사용할 스튜디오로 문을 열었는데 지인들에게 요리를 해 주면서 테이블 하나 달랑 있는 레스토랑으로 발전했다. 오픈한 지 반년 만에 예약을 받기 시작했고 '원 테이블 레스토랑'이라고 입소문이 났다. 컨셉트 다이닝 디미가 잘 되다 보니(지금도 예약제로 운영되고 있다) 좀 더 넓은 공간이 있었으면 하는 아쉬움이 생겨 카페 디미도 함께 문을 열었다. 카페 디미 자리는 원래 이 동네에서 유명한 카페였는데 유리창 너머로 경복궁의 아름다운 돌담이 보여 그들은 전부터 이곳을 맘에 두고 있었다. 어렵사리 면접까지 보고 자리를 따냈다. "이곳은 우리 둘만의 힘이 아니라 손님들과 함께 커 왔어요. 처음 카페 디미를 열었을 때는 진짜 썰렁했거든요. 식사 메뉴도 4가지밖에 없었지만 손님들이 계속 같은 음식을 드시는 게 미안해 메뉴를 늘리다 보니 지금은 20가지가 넘게 됐어요."

용수철처럼 탄력 있는 생면, 파파르델레

우리나라에서도 생면 파스타집이 많이 생겼는데 카페 디미는 유독 파파르델레를 좋아하는 것 같다. 파파르델레는 페투치네보다 훨씬 넓은 면이다. 얼핏 모양만 보고는 '이게 파스타인지 칼국수인지' 헷갈릴 정도. 소스는 여러 가지 재료를 첨가해 새로운 맛을 내기보다는 기본에 충실한 편이다. 자극적이지 않아 때로 심심하다거나 토마토소스가 다소 시큼하게 느껴지기도 하는데 두 주인도 가끔 손님에게 이런 얘기를 들어서인지 '메뉴 선정의 100% 만족도'를 위해 미리 이것저것 귀띔해 준다(내가 보기에 손님들이 토마토소스를 약간 시큼하다고 느끼는 것은 통조림에 든 홀토마토보다 진짜 토마토를 많이 사용하기 때문인 것 같다). 그럼에도 카페 디미의 파스타는 내가 가 본 어떤

파스타집보다 싱싱한 맛이었다. 면은 탱글탱글하다 못해 입안에서 용수철처럼 이리저리 튕겨 나가는 듯하고 파스타에 들어가는 가지, 호박, 버섯, 브로콜리 등의 채소들은 살아 있는 것처럼 씹는 질감이 남달랐다. 싱싱함에 자신 있기 때문에 담백하게 만들어 낼 수 있는 게 아닐까. 채식주의자인 외국인 친구를 데리고 와도 좋을 것 같았다.
"재료의 맛이 그대로 살아 있는 음식이 좋아요. 꽃게 파스타는 이탈리아에서 먹은 랍스터 파스타를 맛보고 응용해 본 건데 꽃게 자체의 신선한 맛을 위해 살아 있는 걸 직접 잡아서 화이트소스로 조리해요. 재료 자체의 맛과 손맛을 함께 살리기 위해 더 노력 중이에요. 모든 재료는 그날 아침에 장을 보고요. 면과 빵도 그냥 살 수 있지만 수제를 고집하는 건 정성과 함께 손맛을 살리기 위해서예요. 같은 된장이라도 엄마가 해 주는 것과 가게에서 먹는 것에는 분명 차이가 있다고 봐요. 우리는 엄마가 해 주는 따뜻한 맛, 추억을 줄 수 있는 맛을 전하고 싶습니다." 그러고 보니 샌드위치의 빵도 손으로 반죽한 포카치아다. 웬만한 정성 가지고 할 수 없는 일이다. 게다가 그들은 카페 디미와 컨셉트 다이닝 디미를 오가며 요리하는 것은 물론 갤러리와 기업 케이터링, 푸드스타일링, 온라인쇼핑몰도 운영한다.
"오픈하고 하루 12시간씩 휴일 없이 1년을 보낸 탓에 체력이 바닥났어요. 이러면 안 될 것 같아 1년에 한 번, 한 달 동안 여행을 떠납니다. 벌써 두 번이나 다녀왔지요." 그리스와 스페인, 이탈리아, 독일 등지를 돌며 하는 일은 주로 소문난 레스토랑에 가서 맛있는 요리 먹기, 원 데이 쿠킹 클래스 참가하기, 시장 가서 재료 구입하기, 백화점이나 근사한 숍 디스플레이 꼼꼼하게 체크하기, 요리에 필요한 예쁜 소품 사기 등. 충전하고 돌아오면 다시 의지가 불타올라 새로운 메뉴를 풀어놓기 바쁘다. "여행하고 돌아오면 매출이 반 토막 날 줄 알았는데 다시 가게 문을 열면 늘 인기 폭발입니다. 손님들이 우리 안부를 여쭤 봐 주시면 또 그게 그렇게 기쁠 수 없어요." 맛있는 요리는 즐거운 인생에서 나온다는 말은 정말인 것 같다.

data
address 서울시 종로구 통의동 1-1
telephone 02-730-4111
time AM 11:00~PM 11:00
homepage www.cafedimi.co.kr

price
치킨과 브로컬리 크림소스의
빠빠델레 13,000원
버팔로 치즈, 바질, 토마토소스의
스트루치 13,000원
미트소스의 볼로네제 딸리아펠레 13,000원
버섯 크림 리조또 15,000원
구운 도너츠, 구운 바나나 8,000원
아메리카노 4,000원

pasta 30

올리브오일소스의 꽃게 페투치네

1
꽃게는 끓는 물에 통후추, 월계수 잎, 화이트와인을 넣고 삶은 뒤 살을 발라 놓는다. 꽃게 삶은 물은 따로 둔다.
→ 꽃게는 오래 삶으면 안 되고 끓는 물에 삶아야 향이 날아가지 않는다.

stuff
페투치네 생면 180g, 꽃게 1마리, 월계수 잎 3장, 바질 잎 1장, 올리브유 2큰술, 통후추 1/2작은술, 다진 양파·소금·화이트와인 약간씩

2
달군 팬에 올리브유 1큰술을 두르고 다진 양파를 볶는다.

3
발라 둔 꽃게 살을 넣어 살짝 볶는다.

4
화이트와인을 넣고 알코올을 충분히 날린다. → 알코올을 충분히 날리지 않으면 신맛이 도드라진다.

5
꽃게 삶은 물 1컵을 넣어 자작하게 끓이면서 바질 잎을 손으로 뜯어 넣는다.

6
칼국수 정도 두께의 페투치네 면을 만들어 바닷물 농도의 소금물에 5분 정도 삶는다.

7
삶은 페투치네 면을 넣고 맛이 잘 배도록 뒤적이며 끓인 뒤 올리브유 1큰술을 섞어 준다.

pasta 31

볼로냐 스타일의
라사냐

1
달군 팬에 올리브유를 두르고 큼직하게 조각 낸 마늘을 넣어 향을 낸다.

stuff
라사냐 생면 160g, 다진 쇠고기·다진 돼지고기 80g씩, 마늘 3쪽, 바질 잎 2장, 셀러리 1/2대, 모차렐라치즈 1/2개, 양파 1/4개, 당근 1/5개, 토마토소스 2컵, 베샤멜소스 1컵, 레드와인 1/2컵, 올리브유·파르메산 치즈가루·소금·버터·이탈리아 파슬리 약간씩

베샤멜소스 우유 1컵, 밀가루·버터 1큰술씩, 너트메그·소금 약간씩

▶ 베샤멜소스 만들기

1
팬에 버터를 두르고 밀가루를 볶는다.

2
우유를 넣어 농도를 맞춘다.

3
너트메그와 소금으로 간하고 계속 저으면서 뭉친 것을 풀어 준다.

2
다진 양파와 당근, 셀러리를 넣고 볶는다.

3
채소를 충분히 볶은 뒤 다진 쇠고기와 돼지고기를 넣어 함께 볶는다.

4
고기가 다 익기 전에 레드와인을 넣고 끓인다.

5
알코올이 날아가고 어느 정도 끓으면 토마토소스(p.15 참조)를 넣고 조린다. 바질 잎과 이탈리아 파슬리도 다져 넣는다.

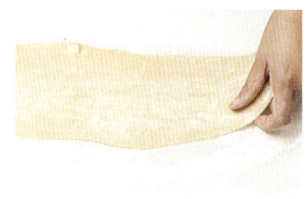

6
숙성시킨 반죽으로 라사냐 면을 만들어 끓는 물에 4~5분간 삶는다.

7
오븐팬(또는 접시)에 버터를 바른다.

8
삶은 라사냐 면을 깔고 토마토소스와 베샤멜소스를 얹는다.

9
모차렐라치즈, 파르메산 치즈가루를 면 위에 차례대로 올리면서 층층이 쌓는다.

10
마지막 면 위에는 모차렐라치즈만 올린 뒤 예열된 오븐에서 노릇해질 정도로 구워서 다진 파슬리로 장식한다.

tip

1	 2	 3
 4	 5	 6
 7	 8	 9
 10	 11	 12

...▶ 생면 반죽 만들기 (3~4인분)

1. 도마에 강력분을 산처럼 쌓은 뒤 가운데를 움푹 파이게 만들어 달걀을 하나 깨서 올린다.
2. 소금, 올리브유를 넣는다.
3. 포크로 원을 그리듯 돌리면서 부드럽게 섞는다.
4. 다시 맨 위를 움푹 파이게 만들어 달걀 하나를 더 깨서 올린다.
5. 포크로 섞는다.
6. 달걀노른자를 위에 얹는다.
7. 포크로 잘 섞은 뒤 손으로 반죽한다.
8. 반죽이 한 덩어리로 잘 뭉쳐지면 랩을 씌워 냉장고에서 3시간 정도 숙성시킨다.
9~10. 숙성된 반죽을 기계(또는 밀대)를 이용해 얇게 만든다.
11~12. 얇은 면에 밀가루를 묻혀 가며 적당한 두께로 썬다 (사각형으로 자르면 라사냐 면이 되고 칼국수처럼 썰면 페투치네 면이 된다).

stuff

강력분 200g, 큰 달걀 2개, 달걀노른자 1개, 올리브유·소금 약간씩

통나무집의 비밀

알리오 *Aglio*

드라마 〈파스타〉를 꼼꼼히 보지 않았지만 유경(공효진 분)이 엄마와의 기억을 회상하는
장면은 쉽게 잊혀지지 않는다. 가출했다가 돌아와서는, 면이라면 지긋지긋한 그녀에게
가장 싼 파스타를 한번 먹어 보자고 졸랐던 엄마. 결국 엄마가 돌아가신 뒤 유경은 홀로,
그때 그 레스토랑에서 가장 싼 '알리오 올리오'를 먹으며 눈물을 쏟는다. 그리고 최고의
'알리오 올리오'를 만들기 위해 온몸을 던진다.
나는 그때 토마토소스나 크림소스가 아닌, '그 파스타'가 알리오 올리오라는 사실에서
약간 소름이 돋았다. 이 작가 누구지 하며 인터넷을 뒤지기도 했다. 토마토소스가
올려진 파스타가 아니라서, 고르곤졸라치즈가 듬뿍 든 파스타가 아니라서 천만다행이라
생각했다. 파스타 중에서 가장 초라하게 생겨 먹은 파스타, 면과 올리브유, 소금과 마늘이
있으면 만들 수 있는 파스타, 아무나 만들 수 있어도 누구도 만들기 어려운 파스타….

알리오 올리오가 맛있는
파스타집

내가 파스타집을 자주 들락거린다는 사실을 아는 몇몇 지인은 가끔 "그 집 파스타 맛이 어때?"라고 물어온다. 아는 집이라면 자세히 설명하지만 잘 모르면 대개 답은 하나다. "알리오 올리오를 먹어 봐." 대개 알리오 올리오가 맛있으면 웬만한 파스타는 거의 합격점이라는 나름의 판단 기준이 생겼기 때문이다. 삶은 면 위에 구운 마늘이 올라간 게 전부라 생각할 수 있지만 어떤 올리브유를 쓰느냐, 면을 얼마만큼 삶느냐, 어떤 소금을 얼마나 넣느냐, 화이트와인으로 플랑베를 제대로 했느냐에 따라 그 맛은 천차만별이다. 다른 파스타라면 몰라도 알리오 올리오의 면은 '덜 익은 거 아냐' 살짝 의심스러울 정도로 꼬들거리는 게 고소하고, 바닷물처럼 짠 소금물에 면을 삶아야 맛있다. 물론 올리브유는 엑스트라 버진, 소금은 천일염이 가장 좋다. 하지만 최상의 재료를 사용하더라도 플랑베를 잘못하거나 마늘을 덜 익히면 비릿함이 입속을 채우는 기이한 경험을 하게 된다.
분당에 자리한 파스타집 '알리오('마늘'이란 뜻이다)'에 끌렸던 이유도 이 집의 알리오 올리오가 맛있어서다. 원기 회복과 동맥경화증에 탁월한 알리신(Allicin·마늘의 주성분)을 이렇게 아름다운 요리로 섭취하는 방법이 또 있을까. "마늘이란 뜻도 있지만 다르게 보면 '무엇 무엇을 알리다'라는 우리말처럼 느껴지는 게 재밌더라고요." 미술을 전공한 엄마 조경희 주인과 디자인을 전공한 그녀의 딸 김나연 주인이 오랜 준비 끝에 2002년 문을 연 이곳은 분당 정자동에 2곳, 분당 수내동과 화성 동탄동의 프랜차이즈까지 5곳이나 된다. 그러니까 솜씨 좋고 뛰어난 감각의 엄마와 딸은 경영 마인드까지 겸비하고 있었다.

알리오의 실내
두툼한 통나무 문을 열고 들어서면
이탈리아 시골에서 느낄 법한 소품이
공간을 채우고 있다.
붉은 벽돌로 마감한 벽면에 걸린
오래된 시계와 액자, 그림은
모두 유럽 여행 중에 건진 것들.
공간은 작지만 주인의 감성이 전해진다.

d a t a
address 경기도 성남시 분당구 정자동
삼성 아데나루체 113호
telephone 031-726-0708
time PM 12:00~PM 10:00
(휴식시간 PM 3:30~5:30)

p r i c e
봉골레 비안코 14,000원
알리오 올리오 13,000원
까르보나라 12,000원
캐비어 파스타 14,000원
칠리새우 토마토 파스타 16,000원
부까니에라(해산물 토마토) 14,000원
아마트리치아나(베이컨, 양파, 고추, 토마토를
넣은 로마 풍의 매콤한 스파게티) 12,000원
그란치오(베네치아식 왕게살과 브로콜리를
곁들인 크림 스파게티) 13,000원
랍스터 오일 파스타 37,000원(2인분)
고르곤졸라 크림 파스타 17,000원
상하이 파스타 14,000원

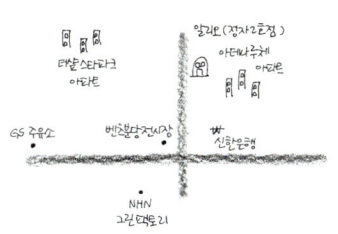

pasta 32

칠리새우 토마토 파스타

1
달군 팬에 올리브유 1큰술을 두르고 다진 마늘과 양파를 볶다가 페페론치노를 넣는다.

2
껍데기를 벗긴 새우와 한 입 크기로 썬 브로콜리, 방울토마토를 넣고 소금, 후춧가루로 간을 한다.

3
새우가 분홍빛을 띠며 익으면 화이트와인을 부어 한 김 나가게 해 비린내를 없애고, **홍합 국물**(p.15 참조)을 넣는다.

4
파스타 면은 끓는 소금물에 삶아 찬물에 헹구지 말고 건져 놓는다.

5
삶은 파스타 면과 **칠리소스**, 물을 넣고 볶는다. → 물은 칠리소스를 묽게 하기 위해 넣는다.

6
토마토소스(p.15 참조)를 넣어 함께 볶다가 바질을 넣고 올리브유 1큰술을 한 바퀴 두른다.

stuff

파스타 면 80g(기호에 따라), 대하 1마리, 새우 3~4마리, 방울토마토 2~3개, 브로콜리 3~4조각, 마늘 3~4쪽, 다진 양파 1큰술, 홍합 국물 180㎖, 토마토소스 150㎖, 물·칠리소스 90㎖씩, 올리브유 2큰술, 화이트와인·바질·페페론치노·소금·후춧가루 약간씩, 달걀·녹말가루·튀김기름 적당량

칠리소스 토마토 페이스트 500g, 다진 마늘 50g, 식초 30g, 설탕·물엿·레몬즙 20g씩, 일본간장(긴코만 간장) 10g, 소금·화이트와인 약간씩

▶ **칠리소스 만들기**
팬에 재료를 넣고 잘 섞어 볶아 준다.

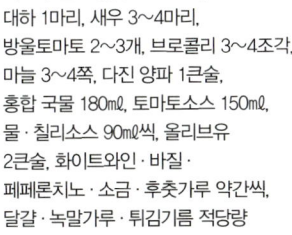

7
껍데기를 벗겨 소금, 후춧가루로 간한 대하에 녹말가루, 달걀, 녹말가루 순으로 골고루 묻힌다.

8
대하를 180도의 튀김기름에 튀겨서 면 위에 올린다. → 애벌 튀김하고 다시 한 번 튀겨야 바삭함이 오래간다.

pasta 33

랍스터 오일 파스타

1
끓는 물에 레몬, 통후추, 마른 올리브 잎을 넣는다.

2
손질한 바닷가재를 넣고 10분 동안 삶는다.

3
바닷가재를 식힌 뒤 껍데기와 살을 분리한다. → 충분히 식혀야 살을 발라내기 쉽다.

4
달군 팬에 올리브유 1큰술을 두르고 다진 마늘(2쪽 분량)과 양파를 충분히 볶는다.

5
페페론치노, 소금, 후춧가루를 넣고 볶다가 브로콜리, 반으로 썬 방울토마토를 넣는다. 발라 둔 바닷가재 살도 넣어 준다.

6
센 불에서 화이트와인을 부어 한 김 나가게 해 비린내를 없앤 뒤 홍합 국물(p.15 참조)을 넣는다.

s t u f f (2인분)
파스타 면 150g(기호에 따라),
바닷가재(랍스터) 1마리, 통후추 5~6개,
방울토마토 2~3개, 브로콜리
3~4조각, 레몬 1조각, 마늘 4쪽,
마른 올리브 잎·바질 잎 2~3장씩,
올리브유 2큰술, 다진 양파 1큰술,
홍합 국물 180㎖, 화이트와인·
페페론치노·파슬리·소금·후춧가루
약간씩

7
파스타 면은 끓는 소금물에 삶아 찬물에 헹구지 말고 건져 놓는다.

8
삶은 파스타 면을 넣고 맛이 배도록 조린 뒤 편으로 썰어 구운 마늘(2쪽 분량)을 넣는다. 자작해지면 파슬리와 바질 잎을 썰어 넣고 올리브유 1큰술을 두른다.

'타볼라 칼다'
이태리 면사무소

all about taste

영화 〈카모메 식당〉을 만든 오기가미 나오코 감독의 또 다른 작품 〈토일렛〉에서는 돌아가신 엄마의 재봉틀을 찾은 첫째 아들의 모습이 나온다. 천재적인 피아노 소질이 있지만 공황장애로 4년 동안 집 밖으로 한 발짝도 나가지 못한 그는 재봉틀로 꽃무늬 치마를 만들어 입으면서 차차 증세가 호전된다. 결국 정장 재킷에 긴 꽃무늬 치마를 입고 콩쿠르에 나간 그는 관객의 기립 박수를 이끌어 내는데, 그런 그에게 동생 레이가 묻는다. "너 게이냐?" 그리고 그의 대답. "아니, 재봉틀을 보자 만들고 싶었어. 피아노를 보니까 치고 싶었고. 그냥 하고 싶은 걸 했을 뿐이야."

계동에 있는 이태리 면사무소는 희극적인 이름과 함께 골목에 서 있는 모양새 역시 굉장히 드라마틱하다. 한 번도 본 적이 없는 간판 서체도 재미있고, 통나무를 쓱싹 잘라

만든 것 같은 알록달록 테이블은 무언가에 잔뜩 화나 있는 사람도 웃음 짓게 만든다. 포크와 나이프를 싸 주는 노란색 스티커는 아저씨들이 민방위훈련 때마다 팔뚝에 차는 완장 같다. 그리고 이곳에는 그냥 하고 싶어서 파스타를 만드는 아버지와 그의 아내, 아들이 있다. "지금 제 나이 마흔여덟인데요. 마흔 넘어서 혼자 요리책 보며 만들어 보았어요. 누구에게 배운 적도, 이탈리아에 간 적도 없어요. 요리책을 보다가 이탈리아 밥집을 해 보면 재미있을 것 같았고요. 외식 쪽에 관심이 많아서 전에 이탈리안 정통 레스토랑을 경영했었거든요. 제가 요리를 하고 아내가 이것저것 도와주고 아들도 정식으로 요리를 배우기 시작했어요."

타볼라 칼다,
따뜻한 음식이 있는 테이블

이태리 면사무소의 정관식 주인이 처음 생각한 개념은 '타볼라 칼다' 같은 이탈리아 분식집이었다. '타볼라(Tavola)'는 테이블, '칼다(Calda)'는 음식을 뜻한다. 그러니까 음식이 있는 테이블, 우리말로 하면 백반집 정도가 될까. 혼자 요리하고 서빙 보고 손님 맞는 걸 다 할 수 있는 작은 가게를 만들고 싶었다. 이탈리아의 문화와 음식은 모두 원서를 통해 익혔다. "파스타는 이탈리아어로 밀가루 음식이란 뜻이잖아요. 우리나라의 분식에 해당하죠. 처음에는 상호가 '이태리 분식집'이었는데 이태리 면사무소가 동네와 어울리고 느낌이 좋아서 바꿨어요. '면'이 분식의 개념을 살리기도 하고 또 처음에는 샐러드 한 가지에 파스타 메뉴밖에 없었으니까요."

이태리 면사무소가 있는 이 동네는 오래된 한옥이 모여 있기로 소문난 계동. 평일에는 평화로운 마을이었다가 주말에는 동네에 사는 꼬마와 할아버지, 한옥 게스트하우스에서 묵는 외국인들과 일본 관광객, 뜨고 있는 이곳을 호기심 어린 눈으로 찾아온 사람들로 북적거린다. 하지만 아무리 뜨기로 넘쳐 나도 이곳만의 소박한 정취가 감성을 자극한다. 그 역시 시간이 날 때마다 계동을 다녔다고 했다. 이곳에 오면 마음이 차분해져 함바집 같은 밥집을 하면 딱일 것 같았다. 주변에 공방도 많고 직장인도 많지만 큰길에서 꽤 깊이 들어와야 하기 때문에 모두들 식당을 하기엔 위험하다고 했다. 6개월 동안 계동을 다녀서인지 정이 들었다. 튀는 가게가 아니라 동네와 어울리는 곳을 하자 마음먹고 열심히 준비했다. "동네에 사는 가족들이 제일 많이 찾으세요. 노인분들이 크림 스파게티를 정말 잘 드시거든요. 시큼한 토마토소스보다 기름진 것을 좋아하시는 거 보고 저도 깜짝 놀랐죠. 주변에 게스트하우스가 많아 한식을 잘 먹지 못하는 외국인들은 꼭 스파게티를 드시고 떠나요. 채식주의자 외국인들을 위해 고기를 빼 주기도 하고 알레르기가 있다고 하면 그 재료를 넣지 않는 식으로 원하는 대로 맞춰 줘요. 그런 것도 정말 재미있어요."

1 눈에 확 띄면서도 계동과 잘 어울리는 곳. 재미있는 요소가 많다. 2 독특한 테이블과 의자, 벽면에 걸린 나무 소품들은 지인이 직접 만들어 준 것들이다. 3 웃음 나는 간판과 예쁜 꽃들이 제일 먼저 반긴다. 4 분식집에서나 볼 법한 메뉴판. 파스타, 수프, 리소토, 샐러드는 물론 맛 좋은 스테이크까지 있다.

data
address 서울시 종로구 계동 79-7
북촌한옥마을
telephone 02-3676-0233
time AM 11:30~PM 8:00
(휴식시간 PM 2:30~5:00,
토요일·공휴일 유동적)

price
까르보나라 7,000원
버섯 스파게티 8,000원
매운 쭈꾸미 스파게티 9,000원
연어 크림 스파게티 9,000원
매콤한 해산물 수프 9,000원
버섯 크림 리조토 8,000원
매콤한 해산물 스파게티 9,000원

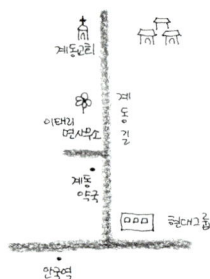

치즈와 화이트와인을 뺀
파스타

이태리 면사무소의 인기 메뉴 중 하나가 '매운 주꾸미 스파게티'다. 매콤한 토마토소스와 채소에서 나온 달콤한 즙이 어우러질 뿐 아니라 주꾸미의 쫄깃한 질감이 음식을 굉장히 풍부하게 만든다. "이 동네 식당에 들어가 밥을 시키면 떡볶이를 먼저 줘요. 기다리는 동안 입이 심심하지 않게 하면서 우리나라 사람들 누구나 좋아하는 거잖아요. 신기하면서도 기분 좋았죠. 저도 이렇게 손님에게 기분 좋은 맛이 뭐 없을까, 생각하다가 주꾸미 스파게티 레시피를 만들어 아들에게 요리해 보라고 시켰어요. 이거, 괜찮더라고요. 어느 책에선가 이탈리아의 아라비아타 파스타는 그 매운 정도가 사람을 짜증 나고 화가 날 정도로 해야 맛있다고 하던데, 우리나라 사람은 그대로 해 주면 못 먹어요. 기분 좋은 매운맛을 좋아하죠." 그런가 하면 큐브 형태의 연어가 든 크림 스파게티는 달짝지근하면서 연어의 비린 맛이 하나도 나지 않는다. 달콤한 맛의 원천은 바로 연어. 비린 맛이 하나도 나지 않는 비밀은 채소에 있었다. 채소가 익으면서 나오는 단 즙이 연어와 섞이면서 비린내가 나는데 그는 채소를 푹 익히지 않는다. "우리 집 메뉴의 특징은 한 가지 재료라도 완전히 다른 맛을 내는 겁니다. 같은 크림 스파게티라도 연어에서 나오는 맛이 다르고 새우에서 나오는 맛이 다르니까 다양한 맛을 내기 위해 늘 공부해요. 사실 우리 파스타 재료에는 치즈와 화이트와인이 없어요. 비싼 재료보다 시장에서 신선한 재료를 사다가 만드는 게 좋아요." 예전에 레스토랑을 경영했을 때 그가 가장 힘들었던 것 중의 하나가 직원들이 자주 바뀌는 거였다. 그때 아들이 레스토랑 직원들 틈에서 자연스럽게 요리 배우는 걸 보면서 나중에 둘이 하면 좋겠다는 생각을 했다. 지금 요리학교로 대학을 진학한 아들은 그와 함께 요리를 하고 새로운 메뉴를 만들어 보기도 한다. 주인의 바람대로 이태리 면사무소는 가족이 운영하는 파스타집으로 점점 커 가고 있다. 이화여대 앞에 이태리 면사무소 2호점이 문을 열었다.

이태리 면사무소가 자리한 계동
아기자기한 숍, 바느질이나 가구공방이 생기면서 주말이면 발 디딜 틈 없는 트렌디한 거리로 변한다. 그렇기에 진정한 계동을 보려면 평일 오전이나 오후가 좋을 것 같다. 한옥과 한옥이 마주하는 작은 골목, 주인이 심어 놓은 열매채소들, 일상에 작은 기쁨을 가져다주는 가게들….
이곳에서는 처마가 만들어 낸 그림자조차 예술이 된다.

pasta 34

연어 크림 스파게티

stuff

스파게티 면 100g, 냉동 훈제연어 큐브 80g, 호박·가지 1/4개, 데친 브로콜리 3~4조각, 마늘 1~2쪽, 다진 양파 2큰술, 무염버터 1작은술, 소금·흰 후춧가루·파슬리가루 약간씩, 생크림 350㎖, 닭 육수 250㎖

1
팬에 무염버터, 다진 양파와 마늘, 얇게 썬 호박과 가지, 데친 브로콜리, 소금과 흰 후춧가루를 넣어 센 불에서 살짝 볶는다.

2
양파가 반 정도 익으면 닭 육수(p.15 참조)를 붓고 사방 1㎝ 크기로 썬 훈제연어를 넣어 끓인다. → 연어는 얼린 상태에서 사용하고 다른 재료도 많이 안 익혀야 비린내가 나지 않는다.

3
스파게티 면은 끓는 소금물에 8~10분 정도 삶아 찬물에 헹구지 말고 건져 놓는다.

4
삶은 스파게티 면을 넣어 잘 풀어 주면서 간을 맞추고 닭 육수가 1/3 정도 남을 때까지 조린다.

5
닭 육수가 졸아들면 생크림을 붓는다.

6
센 불에서 가끔 저어 가며 걸쭉해질 때까지 조려 파슬리가루를 뿌린다.

매운 주꾸미 스파게티

stuff

스파게티 면 90g, 냉동 주꾸미 5~6마리, 핫칠리페퍼(노란색) 2~3개, 붉은 피망 1/3개, 양파·호박·가지 1/4개, 데친 브로콜리 3~4조각, 마늘 3쪽, 소금·후춧가루 약간씩, 매운 토마토소스 3큰술, 올리브유·할라페뇨 1큰술씩, 바지락 삶은 물 250㎖, 토마토소스 200㎖

매운 토마토소스(5인분) 완숙 토마토 (큰 것) 3개, 토마토주스 500㎖, 말린 청양고추 10개, 백설탕 50g

···▶ **매운 토마토소스 만들기**
토마토와 토마토주스, 말린 청양고추, 백설탕을 넣고 믹서에 간다. 농도는 토마토주스로 조정한다.

1
팬에 한입 크기로 자른 주꾸미, 얇게 썬 호박과 가지, 마늘, 양파, 피망을 넣고 데친 브로콜리, 할라페뇨, 핫칠리페퍼, 소금, 후춧가루, 올리브유를 섞어 볶는다.

2
주꾸미가 어느 정도 익으면 바지락 삶은 물을 붓는다.

3
스파게티 면은 끓는 소금물에 8~10분 정도 삶아 찬물에 헹구지 말고 건져 놓는다.

4
삶은 스파게티 면을 넣고 센 불에서 젓가락으로 저으면서 간을 맞춘 뒤 **토마토소스**(p.15 참조)와 **매운 토마토소스**를 넣고 조린다.
→ 매운 소스의 맛이 충분히 나도록 센 불에서 최대한 빨리 조린다.

5
국물이 바닥을 보일 정도로 자작해지면 접시에 담는다.

메이저와 마이너 사이 레드브릭 Redbrick

all about taste

**레드브릭에
세 번째 갔을 때
처음으로**

파스타를 먹었다.

토마토 마리네이드와 화덕피자를 먹고 나면 배가 불러 파스타는 늘 다음 기회로 미루곤 했는데 여럿이 모일 기회가 생겨 시금치 크림 파스타를 주문했다. 시금치 잎이 통째로 들어 있는 줄 알았지만 바질페스토처럼 시금치를 갈아 크림소스와 섞어 넣어 전체적으로 연두색을 띠고 있었다. 파스타 속 재료를 씹는 질감을 좋아해 살짝 실망했으나 맛은 좋았다. 오히려 바질 향이 낯설게 느껴지는 이들에게 딱일 것 같았다. 나처럼 건더기에 집착하는 이들을 위해 새우 살을 첨가한 센스가 돋보였다.
크림소스의 농도는 적당했고 맛 역시 느끼하지도, 밍밍하지도 않았다. 김밥을 말 때나 된장 넣고 무쳐 먹기만 했던 시금치의 놀라운 변신이 아닐 수 없었다.

1 가게 이름처럼 레드브릭의 벽은 붉은 벽돌로 되어 있다. 안에 들어서면 또 다른 유리문이 나오는데 유리문 밖에는 작은 정원이 마련되어 있어 푸른 자연과 함께 파스타를 즐길 수 있다. 2 메뉴판을 보지 않아도 주방 위 커다란 칠판에는 요리와 가격이 써 있다. 3 레드브릭 간판. 4 와인 마니아들이 완성한 코르크 이미지월. 5 참나무 화덕. 6 탁 트인 주방이라 셰프들의 요리하는 모습이 보인다. 선반 위에 놓인 '주방장 인형'처럼 이곳의 셰프들도 즐겁고 신나게 일한다.

data
address 서울시 서초구 반포4동 72-8 서래마을
telephone 02-591-7878
time AM 11:30~PM 11:30
(휴식시간 PM 3:30~5:00)

price
쉬림프 갈릭 크림 파스타 12,000원
해산물 크림 파스타 13,000원
버섯 크림 파스타 16,000원
시금치 크림 파스타 17,000원
펜네 아라비아따 14,000원
게살 크림 스파게티 16,000원
갈릭칩 파스타 15,000원
루꼴라 피자 15,000원
고르곤졸라 피자 15,000원
치킨 깔쪼네 16,000원
샐러드 피자 17,000원

실패가 만들어 낸
소박한 맛

방배동 서래마을을 누구보다 좋아하지만 제대로 된 식사를 하려면 지갑이 두툼한지 먼저 확인해야 한다. '강남 값'을 고집하지 않는 레드브릭은 파스타 가격도 적당하고 고맙게도 2만~3만 원대 와인이 많아 먹성 좋은 사람들의 부담을 줄여 준다. 새로운 맛집이 서래마을에 따리를 틀리면 적어도 셰프의 유명세 혹은 으리으리한 인테리어로 기존 맛집의 기를 눌러 줘야 하는데 레드브릭은 입소문에 의해 조금씩, 천천히 걸어가고 있는 느낌이다. 애써 포장한 흔적도 없고, 정통을 고집하지도 않으며, 직원들이 유난스럽지도 않다. 붉은 벽돌로 쌓여 있는 공간은 크리스마스 저녁처럼 따뜻하고 데시벨이 높지 않은 음악은 사람들과 소곤소곤 얘기하기에 좋다.

솔직히 레드브릭은 피자로 더 유명하다. 휴대전화만 있으면 놀이터 그네에 앉아 뜨끈한 피자를 시켜 먹을 수 있는 시대지만 화덕에서 바로 나온 피자와는 비교가 안 된다. 더욱이 레드브릭의 피자는 두께가 4㎜도 채 되지 않는 얇은 반죽이다. 거대한 크래커를 씹는 듯 입에 들어가는 순간 바스락 부서지는 소리가 경쾌하다. 48시간 저온 숙성으로 반죽한 피자 도우에서는 이스트 냄새 대신 화덕에서 나온 참나무 향이 솔솔 풍긴다. "유럽 여행을 하면서 벽돌로 만든 화덕에서 피자를 구워 주는데 그게 그렇게 맛있을 수 없었어요. 제 식당 이름도 그때의 화덕 느낌을 살려 지은 거고요." 고우현 오너 셰프는 20년 전쯤에 홍대 앞에서 양식집을 하면서 주방에 처음으로 관심이 생겼다고 했다. 밑바닥부터 시작하는 게 좋을 것 같아 주방장을 졸라 요리를 배웠다고. "새로운 음식에 도전하는 걸 무척 좋아해 종종 실패한 음식들로 주변 사람들을 힘들게 했던 기억이 나요. 게다가 한 번 큰 실패를 맛봤죠. 지금 이곳을 운영하는 데는 정말 큰 도움이 되고 있어요."

바삭바삭한 피자가 이름난 탓에 파스타가 살짝 꼽사리처럼 여겨질 수 있는데 레드브릭 파스타의 미덕은 하나의 파스타에서 다양한 맛을 경험하기보다 몇 가지 재료로 누구나 좋아하는 맛을 만들어 내는 데 있다. 주재료와 부재료의 조화도 한몫한다. 아까 살짝 얘기했듯 시금치 크림 파스타에서 시금치가 주재료라면 자칫 지루할 수 있는 한 가지 채소 맛을 고소한 새우 살이 받쳐 주고, 갈릭칩 파스타에서는 기름에 튀긴 마늘의 단조로움을 바삭바삭한 베이컨이 없애 주는 식이다. 소스의 간은 적당하지만 파스타 면이 좀 싱겁지 않나 했는데 그 이유는 테이블에 놓여 있는 피클이었다. 파스타보다 피클을 더 많이 찾는 이들을 위해 아예 병째 테이블에 올려놓았는데 아삭아삭한 오이와 와인에 절인 무피클에서 내공이 느껴진다.

pasta 36

펜네 아라비아타

1
달군 팬에 올리브유 1큰술을 두르고 다진 마늘을 볶아 향을 낸다.

2
다진 양파, 먹기 좋게 자른 베이컨, 모양대로 썬 양송이버섯, 페페론치노를 넣고 볶는다.

3
토마토소스(p.15 참조)를 넣고 소금, 후춧가루, 설탕으로 간한 뒤 핫소스, 버터를 넣어 걸쭉해질 때까지 조린다.

4
펜네 면은 끓는 소금물에 8~10분 정도 삶아 찬물에 헹구지 말고 건져 놓는다.

5
삶은 펜네 면을 넣고 한 번 더 끓인다.

stuff
펜네 면 100g, 베이컨 2장,
페페론치노(또는 말린 고추·
베트남 고추) 4개, 양송이버섯 1개,
다진 양파·올리브유 2큰술씩,
다진 마늘 1큰술, 버터 1작은술,
토마토소스 240㎖, 핫소스 5g,
설탕·소금·후춧가루 약간씩

6
접시에 담기 전에 올리브유 1큰술을 뿌린 뒤 섞는다.

pasta 37

시금치 크림 파스타

s t u f f
페투치네 면 100g, 시금치 20g, 새우 3마리, 우유 100㎖, 생크림 200㎖, 다진 양파 1큰술, 버터 1작은술, 소금·후춧가루· 물·화이트와인 약간씩

1
시금치는 끓는 물에 소금을 약간 넣어 데친 뒤 물을 넣고 갈아 둔다.

2
팬에 버터, 다진 양파를 넣고 소금, 후춧가루로 간을 하며 타지 않도록 볶아 주다가 손질한 새우를 넣고 볶는다.

3
화이트와인을 부어 한 김 나가게 해 비린내를 없앤다.

4
생크림과 우유를 넣고 소금과 후춧가루로 간을 한다.

5
페투치네 면은 끓는 소금물에 5분 정도 삶아 찬물에 헹구지 말고 건져 놓는다.

6
삶은 페투치네 면을 넣고 끓이다가 갈아 놓은 시금치를 넣는다.

7
농도가 적당해질 때까지 조린다.

pasta 38

갈릭칩 파스타

1
갈릭칩용 마늘을 강판에 얇게 썰어 찬물에 3시간 정도 담가 둔 뒤 물기를 제거하고 기름에 튀긴다.

stuff
페투치네 면 100g, 베이컨 2장, 양송이버섯 1개, 갈릭칩용 마늘 6쪽, 데친 브로콜리 2조각, 물 1/2컵, 올리브유 2큰술, 다진 양파·다진 마늘 1큰술씩, 튀김용 기름·소금·후춧가루·화이트와인 약간씩

2
달군 팬에 올리브유 1큰술을 두르고 다진 마늘을 볶아 향을 낸다.

3
작게 자른 베이컨과 다진 양파, 모양대로 썬 양송이버섯, 데친 브로콜리를 넣고 소금, 후춧가루로 간을 하며 볶는다.

4
화이트와인을 부어 한 김 나가게 해 비린내를 없애고 물을 1/2컵 넣고 끓인다.

5
페투치네 면은 끓는 소금물에 5분 정도 삶아 찬물에 헹구지 말고 건져 놓는다.

6
삶은 페투치네 면을 넣고 끓이다가 소금과 후춧가루로 간을 한다.

7
물이 거의 졸아들면 올리브유 1큰술을 섞은 뒤 접시에 담고 갈릭칩을 뿌린다.

카르보나라
만세

all about taste

파스타 *Pasta*

내게는 "밥 먹었니?"로 인사하는 사람이 둘이다. 1명은 엄마고 또 1명은 두 번째 직장에서 만난 선배다. 그 선배로 말할 것 같으면 나보다 몇 개월 빨리 태어난 것뿐인데 얼마나 어른스럽고 배려심이 많은지(둘 다 비슷한 처지임에도) 길을 걸을 때 자신이 도로 방향으로 걷는다든가, 생맥주 한두 잔씩 마시고 헤어질 때면 손에 1만 원짜리 지폐 1장을 꼭 쥐어 준다. 난이도 높은 곳에 주차를 할 때면 늘 밖으로 나와 다른 차들을 못 오게 막거나 '오라이 오라이'로 자동차에 생채기가 나지 않도록 도와준다. 하지만 이렇게 훌륭한 선배가 절대 양보하지 못하는 게 있으니 그건 바로 음식이다. 뚱뚱하지도 않고, 늘 굶주려 있는 것도 아닐진대 그녀와 음식점에서 무언가 먹을 때면 신경이 여간 뾰족해지는 게 아니다. 유치하게 먹는 것 같고 그러냐며 타박해도 할 수 없다. 일단 먹는 속도가 인터넷 광랜인 데다 내가 주문한 요리라도 온전히 먹을 수 없다. 맛있는 곳을 전국적으로 꿰고 있을 뿐 아니라 먹을 때마다 큰 소리로 감탄을 해서 어쩔 땐 체호프의 연극을 보는 것 같다.

1,2 파스타 주인과 친하게 지내는 '밥장'이 이곳의 벽화를 완성했다. '파스타 최고의 레시피는 따뜻한 마음이지요'라는 문구가 인상 깊다. 3 멀리서도 눈에 띄는 파스타의 외관. 4 이곳에 앉아 있으면 한쪽에서는 정신없이 요리하는 셰프들을, 다른 한쪽에서는 홍대 문화에 푹 빠진 재미있는 차림의 젊은이들을 볼 수 있다.

미식가이자 대식가라서 한 접시에 방울토마토로 만든 애피타이저가 9개 나오면 내가 2개를 먹는 동안 이미 접시는 텅 비어 있다. "흐흐, 내가 너무 빨리 먹었나?" 가끔 부끄러워하기도 하는데 진짜 부끄러워하는 건지는 잘 모르겠다.

어쨌든 2년 전쯤인가. 그 선배 생일 전날에 한턱 쏘겠다며 데리고 간 곳이 홍대의 파스타다. 노란색이 멀리서부터 눈에 띄어 한 번쯤 들어가 보고 싶었는데 잘 됐다 싶었다. 단골인 듯 선배는 알아서 해산물 토마토 파스타와 카르보나라, 샐러드를 시켰다.

내가 크림소스를 좋아하지 않는다는 걸 뻔히 알면서 묻지도 않고 카르보나라를 시키는 게 살짝 거슬렸지만 생일이니까, 한턱내겠다니까 잠자코 있었다(사실 늘 잠자코 있긴 하다). 요리가 나왔고 점원이 "해산물 토마토 파스타 어느 쪽에 놓아 드릴까요?"라고 묻자 역시나 "둘 다 가운데 놔 주세요. 같이 먹을 거예요"라고 대답했다. 이미 식전 빵을 두 바구니나 비운 그녀는 카르보나라와 해산물 토마토 파스타를 번갈아 먹으며 칭찬하기 시작했다.

"이 집에서 가장 유명한 게 카르보나라야. 다른 파스타도 맛있긴 한데 이 집의 카르보나라는 다른 파스타집에서 찾아볼 수 없는 클래식한 맛이야. 여기 집주인과 친해져 어떻게 만드는지 배우고 싶을 정도야. 베이컨이 이렇게 많이 들어갔는데도 느끼하지 않고 고소함만 남는 건 뭔가 조치를 했기 때문이겠지. 새로운 맛의 파스타는 한두 번 먹을 때는 감동하지만 그게 쭉 가지는 않더라고. 결국 계속 찾게 되는 음식은 오래전부터 알고 그 맛이 머릿속에 각인돼 있는 음식이야. 치즈가 많이 들어간 깊고 진한 크림소스를 좋아하는 사람도 있는데 난 그건 끝까지 못 먹겠더라고. 이렇게 흐를 정도의 농도에 양송이버섯 속살의 색을 띠는 소스가 더 맛있는 것 같아. 크림소스를 잘 먹지 못하는 너도 좋아할 것 같아서 주문했어. 먹어 봐." 마지막 문장에 돌연 나는 뜨끔해졌다. 앞으로는 먹는 것 갖고 예민하게 굴지 말아야겠다고 결심한 날이었다. 많이 먹는 사람을 만날 땐 하나 더 주문하면 되니까. 그리고 카르보나라는 궁극의 맛이었다.

바쁜 요리사 남편과
남은 음식 걱정하는 아내

"카르보나라는 만들기 쉬우면서 어느 가게에나 있고, 또 그렇기 때문에 정말 맛있어야 해요. 자장면 하나 맛있어도 그 중국집이 유명해지듯 카르보나라 하나 맛있어도 우리 가게를 찾아온다는 생각으로 열심히 만들어요. 베이컨이 바삭함을 잃지 않으면서 느끼하지 않도록 뜨거운 물에 한 번 데쳐서 냄새와 기름기를 모두 빼요. 팬에서 볶을 때 나오는 기름도 다 버리고요. 최대한 돼지기름을 덜어 내고 올리브유로 볶아야 맛있어요. 부드러운 맛을 살리기 위해서는 완성됐을 때 표면이 마르지 않게 버터를 한 번 넣어서 코팅해 주죠. 저는 화려한 거 싫어하고 기본에 충실하려 해요. 대중가수라고 할까요. 내 고집만 부리지 않고 손님 말에 귀 기울이니까요. 내가 좋아하는 음식만 하는 게 아니라 모두가 좋아하는 음식을 하고 싶거든요." 신승우 오너 셰프는 5년 전까지만 해도 카페에서 스팀우유로 커피 위에 나뭇잎도 그려 주고 하트도 만들어 주던 바리스타였다. 파스타를 정식으로 배운 건 1년, 만든 지는 올해로 5년 정도 됐는데 딸이 파스타를 좋아해 아빠가 차려 주는 파스타집이라 생각하고 문을 열었다. 그가 요리하고 아내는 요리를 뺀 모든 걸 관리한다. "어떤 손님이 이탈리아 스타일이 아니라고 해서 1년에 1번씩 이탈리아로 여행을 떠나요. 우리나라의 모든 김치찌개집 맛이 다르듯 이건 이탈리아식, 저건 무슨 식 얘기하는 건 좀 아닌 것 같아요. 손님 취향이 천차만별이지만 아직까지 우리나라 사람들은 국물을 좋아해 소스 양을 줄이지는 못하겠어요. '푸짐하고 맛있게'가 저의 모토라고 할까요?"

이곳은 저녁 무렵이면 시장 분위기가 된다. 설거지 소리, 나무도마 위 칼질 소리, 프라이팬 위에서 지지직 하는 소리, 손님들의 이야기 소리가 한데 섞여 왁자지껄하다. 어떤 테이블에 앉아도 부엌 안쪽에서 요리하는 게 다 보인다. 고개를 반대로 돌리면 요상한 차림으로 클럽에 가는 젊은이들 구경에 시간 가는 줄 모른다. 파스타 하나에 심혈을 기울이는 청춘과 최선을 다해 인생을 즐기는 또 다른 청춘의 풍경….

그는 손님의 반응에 병적일 정도로 예민하다고 했다. 그래서 손님이 음식을 많이 남겼을 때는 소스가 굳고 식어 빠진 거라도 반드시 맛을 확인한다. 셰프도 사람인지라 모든 요리의 맛이 똑같을 수 없고, 면이 붇기 전에 음식을 내보내야 하기 때문에 센 불에서 간을 보면 잘 모를 때가 있다. 그래도 손님의 표정이 좋지 않으면 그게 너무너무 싫다고 했다. "아내와 트러블이 많았어요. 바빠 죽겠는데 자꾸 와서 남긴 음식 걱정하니까요." 그들은 그날의 음식물쓰레기를 보고 얼마나 맛있게 대접했는지 판가름하기도 한다. 음식물쓰레기 없을 때가 그들에겐 가장 기분 좋은 날이다. 그리고 그걸 발전의 계기로 삼는다. 아내는 가게를 위해 사장에게 직접 말하지 못하는 직원들의 불만을 지적하고 손님이 하지 못하는 쓴소리를 대신한다. 신승우 오너 셰프는 아내를 위해 음식을 만들 때 가장 긴장한다고 했다. "맛을 모니터링하는 역할도 아내거든요. 아내의 날카로운 지적이 가장 무서워요." 그들은 좀 더 큰 곳으로 이사하게 되면 지금의 좁은 부엌에서 할 수 없는 생면을 선보일 계획이다. '파스타'라는 가게 이름처럼 면의 종류가 많이 늘어나 '이탈리안 국숫집'으로 기억됐으면 좋겠다고 했다.

1 주인도, 주방에 있는 셰프도 등판에 '파스타'라 쓰인 티셔츠를 입고 있다. 나름의 유니폼인가 보다. 2 간판과 똑같은 서체의 심플한 명함. 3,4 선반에는 다양한 종류의 파스타가 놓여 있다. 5 한쪽 벽면 전체를 덮고 있는 책꽂이, 파스타에 필요한 도구, 파스타와 관련된 책들이 놓여 있다.

주인 부부의 바람대로 '파스타'는 얼마 전 조금 넓은 곳으로 이전했다. 붉은 벽돌과 어울리는 브라운 톤의 공간이 세련돼 보이지만 개인적으로 노란색 문과 '밥장'이 그린 벽화가 있던 공간이 그리워 새롭게 촬영하지 않았다. 그들도 '파스타'의 예쁘고 소박했던 첫 공간을 기억해 줬으면 좋겠다.

data
address 서울시 마포구 서교동 407-8
telephone 02-322-0084
time PM 12:00~PM 10:00
(휴식시간 PM 3:00~5:00)

price
해산물 토마토 파스타 16,000원
펜네 로제 파스타 16,000원
알리오 올리오 11,000원
까르보나라 12,000원
버섯 파스타 13,000원
리가토니 14,000원
펜네 파스타 14,000
뇨끼 15,000원

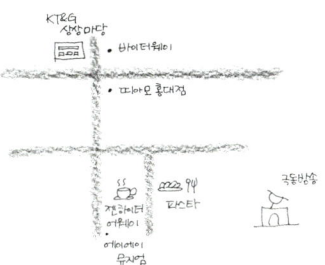

pasta 39

카르보나라

stuff
스파게티 면 100g, 베이컨 50g, 우유·생크림 1컵씩, 올리브유 2큰술, 파르메산 치즈 1큰술, 버터 2작은술, 다진 마늘 1작은술, 토마토 콩카세(과육만 자른 것) 3~4조각, 소금·후춧가루·파슬리가루 약간씩

1
스파게티 면은 넓은 냄비에 물의 양 대비 10%의 소금을 넣고 8~10분 정도 삶아 찬물에 헹구지 말고 건져 놓는다.

2
팬에 올리브유 1큰술을 두르고 작게 자른 베이컨을 볶는다. → 이때 나오는 기름을 버리면 느끼한 맛을 줄일 수 있다.

3
베이컨이 바삭할 정도로 익으면 다진 마늘과 후춧가루를 넣고 함께 볶는다.

4
마늘이 노릇해지면 우유와 생크림을 같이 넣는다.

5
버터와 소금, 후춧가루, 파슬리가루를 넣어 끓인다.

6
삶은 스파게티 면을 넣어 끓이다가 파르메산 치즈를 넣고 잘 젓는다.

7
간을 맞춘 뒤 올리브유 1큰술을 한 바퀴 두르고 토마토 콩카세를 넣는다.

pasta 40

펜네 로제 파스타

stuff

펜네 면 150g, 닭 가슴살 100g,
양송이버섯 3~4개, 홀토마토 1컵,
우유·생크림 1/2컵씩, 모차렐라치즈
1줌, 에멘탈치즈·체더치즈
4~5조각씩, 토마토 콩카세
3~4조각, 올리브유 2큰술,
파르메산 치즈 1큰술, 버터 2작은술,
다진 마늘 1작은술, 화이트와인·
소금·후춧가루·파슬리가루 약간씩

1
달군 팬에 올리브유 1큰술을 두르고 다진 마늘을 볶는다.

2
마늘이 노릇해지면 먹기 좋게 자른 닭 가슴살과 모양대로 썬 양송이버섯을 넣고 볶는다.

3
화이트와인을 부어 한 김 나가게 해 비린내를 없앤다.

4
우유, 생크림, 손으로 으깬 홀토마토를 차례로 넣고 버터, 소금, 후춧가루, 파슬리가루를 넣어 준다.

5
펜네 면은 넓은 냄비에 물의 양 대비 10%의 소금을 넣고 10분 정도 삶아 찬물에 헹구지 말고 건져 놓는다.

6
끓어오르면 펜네 면과 파르메산 치즈를 넣고 잘 젓는다.

7
모차렐라·에멘탈·체더치즈를 넣고 간을 한다. → 치즈는 조리가 끝나기 직전에 넣어야 풍미가 살아난다.

8
올리브유 1큰술을 한 바퀴 두르고 토마토 콩카세를 넣는다.

별 셋 파스타

all about taste

8스텝스 8Steps

위 _ '유러피언 퀴진'이라고 써 있는 8스텝스. 이곳이 '8스텝스'인 이유는 올라가는 계단이 8개라서다.
아래 _ 삼청동에서 살짝 높은 대지에 자리한 이곳의 외관. 한옥 지붕과 근사한 소나무가 아름다운 풍경을 만들고 있다. 날씨가 좋으면 테라스에서 식사할 수 있도록 테이블이 마련되어 있다.

우리가 잘 쓰는 말 중에 '운치(韻致)'라는 게 있다. '고상하고 우아한 멋'이라는 뜻이다. 예전만큼 삼청동에 잘 가지 않지만 그래도 좁은 골목이나 울퉁불퉁한 돌계단을 밟으면 여전히 가슴속이 흔들린다. 가랑비라도 내리면 감흥이 쉽사리 가라앉지 않아 빌라엠이라도 훌쩍여야 할 것 같다. 8스텝스에 처음 오게 된 건 순전히 건물의 생김새가 멋있어서다. 자그마한 한옥을 개조한 레스토랑이 어디 한두 군데랴만 숨차지 않을 정도의 언덕을 오르면 잘생긴 소나무와 처마가 우아한 모습으로 반긴다. 멀리서 보면 옛 정자 같고 들어서면 뾰족한 천장에 일정한 간격의 서까래에 가장 먼저 눈길이 간다. 한옥을 상업공간에 쓰는 걸 그다지 좋아하지 않지만 건물의 안정된 자세와 이웃과의 조화, 대지보다 조금 높은 위치, 모던하면서 크게 멋 부리지 않은 인테리어 등 올 때마다 주인의 세련되고 섬세한 취향에 감탄하곤 한다. 이런 걸 보고 '운치'라고 하나 보다. 언제부턴가 나는 8스텝스를 '언덕 위의 집'이라 부르고 있다.

data
address 서울시 종로구 삼청동 63-24
telephone 02-738-5838
time PM 12:00~PM 10:30
(휴식시간 PM 2:30~6:00)
homepage www.8steps.co.kr

price
안초비 봉골레 17,000원
레몬크림 & 치킨 파스타 17,000원
새우, 호박, 샤프란 향의 오일 파스타 18,000원
해산물 토마토 파스타 18,000원
굴 파스타 18,000원
양송이와 베이컨 토마토 파스타 17,000원
해산물과 토마토소스 리조또 18,000원
먹물 리조또 18,000원
볼로네제 18,000원

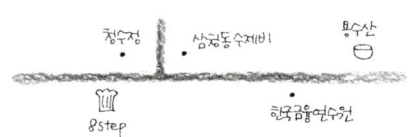

호텔보다 좋은, 호텔보다 섬세한

사실 8스텝스에 대해 얘기하자면 한도 끝도 없다. 파스타만 풀기에는 아까울 정도로 음식 종류가 화려하다. 이탈리안의 장인정신과 프렌치의 날카로운 터치가 한데 섞여 있다고 해야 하나. 루콜라 셔벗처럼 이름만 보고 맛을 상상할 수 없는 요리도 꽤 된다. 이 작은 공간에서 수많은 요리가 어떻게 나오는지 신기하기만 한데 아쉬운 건 음식 값이 양에 비해 살짝 비싸다는 것. 하지만 고급스러운 접시와 혀끝에서 온몸으로 전해지는 음식의 섬세함은 뭐라 표현할 수가 없다. 파스타도 그렇다. 지난겨울인가. 이곳에 왔다가 굴 파스타를 보고 깜짝 놀랐는데 마침 그날 오전에 굴이 제철이라는 TV 프로그램이 생각나 얼른 주문했다. 모양새는 그리 아름답지 않았으나 싱싱한 굴에서 나온 고소하면서 구수한 맛이 파스타를 다 먹고도 오랫동안 지워지지 않았다. 비앙코(Bianco·버터나 치즈 같은 백색의 재료로만 양념하는 파스타)의 특징이 재료의 맛을 최대한 살리는 파스타라고 알고 있는데 굴의 진한 맛 외에 어떠한 맛과 향도 침범하지 않았다(집에서 이 요리를 한 번 해봤는데 굴 맛이 제대로 우러나지 않았다. 이곳의 문상욱 셰프가 말하길 이 요리의 가장 중요한 포인트는 센 불에서 빨리 끝내는 거라고 한다).

닭 가슴살이 두 덩이나 올라가는 레몬크림 & 치킨 파스타는 이곳의 베스트 메뉴다. 얼핏 광동식 레몬새우 맛이 떠오를지 모르겠으나 전혀 다르다. 먼저 레몬의 상큼함이 두뇌를 자극하면 쫄깃한 닭 가슴살이 풍부함을 주고 소프트아이스크림을 입술에 댄 듯 크림소스의 부드러움이 절정에 달한다. "요리할 때 생크림과 스톡(육수), 레몬소스 등의 액체가 들어가는데 알맞은 농도로 조리는 게 중요하고요. 닭 가슴살은 퍽퍽하지 않게 볶아야 크림소스와 만났을 때 느끼하지 않아요. 결국 레몬, 치킨, 크림 이 세 가지가 조화로운 맛을 내야 합니다." 문상욱 셰프는 불의 세기와 타이밍에 대한 얘기를 자주 했다.

진짜 가스트로노미를 위해

초등학생 때 제과점에서 본 케이크와 빵이 예뻐서 직접 만들어 보고 싶어진 그는 고등학교 때부터 학원을 다니면서 일식·양식 자격증을 땄다. 인터콘티넨탈 호텔과 프랑스 레스토랑에서 하루 14~15시간을 주방에서 보냈던 그는 여전히 이 세계가 무궁무진하고 아름답다고 생각한다. "음식 하나에 자신의 모든 걸 쏟아붓는 게 매력인 것 같아요." 그리고 그는 8스텝스에 대한 열정과 애착이 대단했다. "작은 공간이라 손님들과 소통이 잘 돼 좋아요. 주방과 홀이 굉장히 가까워 서빙도 빠르죠. 요리하면서 냄새가 손님들에게 많이 나가는데 그것 또한 좋아요. 프랑스에서는 주방 안에 테이블을 놓고 손님 앞에서 요리하여 직접 대접하는 걸 최고의 서비스로 치거든요. 일본에는 3스타 셰프가 꽤 있는데 우리나라는 아직 1스타 셰프도 없어요. 별 셋을 받는 날까지 모든 걸 투자할 겁니다." 그는 이곳을 가스트로노미(Gastronomie·정통 미식, 파인다이닝과 비슷한 의미)로 만들기 위해 조금씩 프랑스요리들을 선보일 거라고 했다. 맛있고 새로운 요리를 맛보는 건 언제나 대환영이다.

pasta 41

레몬크림 & 치킨 파스타

stuff
스파게티 면 120g, 닭 가슴살 100g, 달걀 1개, 밀가루 · 다진 양파 10g씩, 생크림 90㎖, 닭 육수 40㎖, 레몬주스 · 화이트와인 15㎖씩, 버터 · 소금 · 후춧가루 약간씩

1
스파게티 면은 끓는 소금물에 6~7분 정도 알덴테로 삶아 찬물에 헹구지 말고 건져 놓는다.

2
얇게 썬 닭 가슴살을 소금과 후춧가루로 간한 뒤 튀김옷을 입히듯 밀가루와 달걀물을 묻힌다.

3
달군 팬에 닭 가슴살 양쪽 모두 옅은 갈색을 띨 때까지 굽는다.

4
팬에 버터와 다진 양파를 넣고 볶는다.

5
레몬주스와 화이트와인을 넣고 수분이 날아갈 때까지 조린다.

6
닭 육수(p.15 참조)를 넣고 국물이 1/3 정도로 줄 때까지 조린다.

7
삶은 스파게티 면과 생크림을 넣고 끓이면서 농도를 맞춘 뒤 소금, 후춧가루로 간을 한다.

굴 파스타

pasta 42

1
스파게티 면은 끓는 소금물에 6~7분 정도 알덴테로 삶아 찬물에 헹구지 말고 건져 놓는다.

2
달군 팬에 올리브유를 두르고 얇게 썬 마늘을 향이 날 때까지 볶다가 다진 양파를 넣고 더 볶는다.

3
손질한 굴을 넣고 강한 불에서 살짝 볶는다.

4
페페론치노를 조금 넣고 화이트와인을 부어 한 김 나가게 해 비린내를 없앤다.

5
조개 국물(p.15 참조)을 넣고 끓이다가 삶은 스파게티 면을 넣는다.

6
조개 국물이 2~3큰술 남을 때까지 볶은 뒤 새우젓이나 소금, 후춧가루로 간하고 파슬리가루를 뿌린다.

stuff
스파게티 면 150g, 굴 100g, 다진 양파 10g, 마늘 5g, 페페론치노 2개, 조개 국물 70㎖, 새우젓(또는 소금)·올리브유·화이트와인·후춧가루·파슬리가루 약간씩

all about taste

언제나 그 자리에

성북동 두에꼬제

Due Cose

내가 돌아다닌 파스타집 가운데 두에꼬제는 가장 찾기 어렵고 볼품없는 곳에 속한다. 그런데도 난 두에꼬제의 파스타와 칼조네 피자를 좋아한다. 1년에 두세 번 가는 게 전부지만 이 동네에서 간송미술관 다음으로 좋아졌다. 한남동에도 두에꼬제가 있는데 개인적인 의견을 좀 보태자면 맛은 거의 흡사하지만 파스타는 성북동이, 피자는 한남동이 더 괜찮았던 것 같다. 이곳의 김정열 오너 셰프는 외모와 목소리에서부터 "저 성악했어요"라고 고백하는 것 같은데 아내도 성악을 공부했고, 아들과 딸 모두 성악을 전공하는 대학생들이라 했다. 그는 1998년에 이탈리아로 유학을 갔다가 학위를 받고 한국에서 대학강사 생활을 했다. 그러다가 성대에 문제가 생겼는데 아무래도 연주 활동을 못 하니까 가르치는 것도 더 이상 할 수 없었다. 15년 강사 생활을 끝내고 다른 길을 모색하던 중에 유학 시절 '나중에 기회가 되면 파스타집 한번 해 봐야지' 했던 게 생각났다. 마침 이곳 두에꼬제를 운영하던 선배의 도움으로 기존 레시피를 혼자 독학하며 익혀 합류했다. 요리하고 같이 먹는 걸 좋아해 집에서도 아내보다 요리하는 시간이 많다고 한다.

1 주방 입구 위쪽에 빼곡하게 진열한 사진들은 아마추어 사진작가인 아들 친구가 이탈리아 여행을 하면서 찍은 사진이다.
2 편안한 동네 식당 같지만 성북동이라는 위치상 이곳은 국내 최고 재벌들이 자주 찾는다. 지나가다 우연히 들어오는 손님보다 거의 단골이라고. 김정열 오너 셰프는 이곳에서 성악하는 제자들과 함께 미니 콘서트를 열고 싶다는 바람을 가지고 있다.

d a t a
address 서울시 성북구 성북2동 113-6
telephone 02-747-1405
time AM 11:30~PM 10:00
(휴식시간 PM 3:00~5:00)

p r i c e
뽀모도로 10,500원
팬네 아라비아따 11,000원
톤노 스파게티 12,000원
새우칠리 14,000원
까르보나라 11,500원
풍기 스파게티 11,500원
게살 크림 15,000원
봉골레 와인 11,500원
알리오 올리오 11,000원
루꼴라 스파게티 16,000원
마르게리따 피자 14,500원
고르곤졸라 피자 24,000원

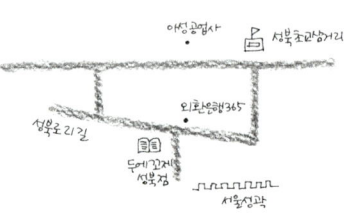

농도와 간, 그리고
면의 삶기

두에꼬제란 '둘 다'라는 뜻이다. "오페라 리골레토에 나오는 가사이기도 한데요. '피자와 파스타' 두 가지를 뜻하기도 하고 '맛과 친절' 두 가지를 추구하겠다는 의미이기도 해요." 이곳의 메뉴판을 들여다보고 있으면 도대체 무얼 먹어야 좋을지 난감해진다. 파스타와 리소토, 샐러드, 피자까지 메뉴책이 노래방 노래책처럼 두껍다. 이것저것 다양하게 먹고 싶은 이들을 위해 치킨집에서 프라이드 반, 양념 반을 주문하듯 피자 두 종류를 반씩 해 주기도 한다. 그 가운데 두에꼬제라서 더 맛 좋은 파스타는 톤노와 풍기 스파게티. 포장도 가능한데 투명한 타파 통에 담아 주는 파스타는 식어도 제격이다. 톤노(Tonno·'참치'의 이탈리아어)는 그가 유학 시절 해 먹던 것을 재현해 낸 파스타다. "집에 오면 후배들을 위해 만드는 스파게티 가운데 이탈리아에서 먹던 것보다 훨씬 맛있다고 하더군요. 톤노는 정말 집에서도 간단하게 할 수 있는 파스타예요. 심지어 주재료인 참치 역시 마트에 가면 손쉽게 살 수 있어요. 느끼한 맛을 줄이기 위해 페페론치노로 고추기름을 내는 게 포인트입니다. 매콤한 참치 맛이 비린 맛도 없애 주죠. 고추기름을 낸 페페론치노는 장식용으로 위에 뿌리면 되고요." 풍기(Funghi·'버섯'의 이탈리아어)는 크림 스파게티지만 크림보다 버섯의 맛이 강해야 한다고 설명했다. 버섯의 맛과 향이 카르보나라 대신 풍기를 먹는 이유라며. 그리고 그의 딸이 가장 좋아하는 파스타이기도 하다. "플랑베를 할 때 버섯이 와인을 흡수하기 때문에 다른 파스타를 만들 때보다 김이 많이 나지 않아요. 와인은 드라이한 화이트와인을 써야 비린내를 확실하게 잡을 수 있어요."

그는 파스타에서 가장 중요한 세 가지를 스파게티의 농도와 간, 면 삶기로 꼽았다. 이탈리아사람들은 알덴테, 면의 심이 느껴질 정도로만 삶지만 우리나라 사람들은 그다지 좋아하지 않는다. 덜 익지도 않게, 아주 푹 익지도 않게, 오랜 숙련을 통해 가장 맛있는 정도를 찾아야 한다. 그리고 크림소스는 묽어도 되지만 토마토소스나 오일소스는 물기가 없이 진해야 면에 소스가 스며들어 맛이 좋다. "우리는 고정된 맛을 똑같이 가져가는 걸 원칙으로 해요. 셰프의 임의대로가 아니라 레시피대로 만들도록 하죠. 10년, 20년이 지나도 맛을 똑같이 가져가기 위해서예요. '옛날 그 맛이네'라는 말이 나와야 동네 식당의 의미가 있지 않을까요? 제가 가장 중요하게 생각하는 부분이기도 하고요. '면 삶은 정도가 예술이에요'란 칭찬을 들을 때가 가장 뿌듯합니다."

pasta 43

풍기 스파게티

stuff
스파게티 면 80g,
느타리버섯·양송이버섯·표고버섯
2개씩, 다진 양파·버터 1큰술씩,
우유·휘핑크림 150㎖씩,
화이트와인(드라이한 것) 10㎖,
소금·후춧가루·파슬리가루 약간씩

1
달군 팬에 버터를 녹이고 다진 양파를
넣어 볶는다.

2
먹기 좋게 자른 버섯을 함께 넣어
볶으면서 소금, 후춧가루로 간을 한다.

3
화이트와인을 부어 한 김 나가게 해
비린내를 없앤다. → 플랑베를 할 때
버섯 향이 사라지지 않도록 살짝만
불을 낸다.

4
휘핑크림과 우유를 1:1 비율로 넣어
끓이면서 소금, 후춧가루로 간을 맞춘다.

5
스파게티 면은 끓는 소금물에 7분 정도
삶아 찬물에 헹구지 말고 건져 놓는다.

6
삶은 스파게티 면을 넣고 센 불에서 1분
정도 더 끓이면서 소스 농도를 맞춘 뒤
파슬리가루를 뿌린다. → 불 위에서
소스 농도를 맞추기 어려우면 가볍게
볶은 밀가루를 조금씩 넣어 조정한다.

pasta 44

톤노 스파게티

1
스파게티 면은 끓는 소금물에 7분 정도 삶아 찬물에 헹구지 말고 건져 놓는다.

stuff
스파게티 면 80g, 페페론치노 10개, 다진 양파·다진 마늘·올리브유 1큰술씩, 화이트와인(드라이한 것) 적당량, 참치 토마토소스 180㎖, 소금·후춧가루·파슬리가루·페페론치노 가루 약간씩

참치 토마토소스 참치통조림 1/2캔, 홀토마토 200㎖, 올리브유 1큰술, 다진 마늘·다진 생강·다진 양파 적당량, 화이트와인·소금·후춧가루 약간씩

··▶ **참치 토마토소스 만들기**
1 냄비에 올리브유를 두르고 참치와 다진 마늘·생강·양파를 넣고 볶은 뒤 소금·후춧가루로 간을 한다.
2 화이트와인을 조금 뿌려 더 볶는다.
3 홀토마토를 곱게 으깨 넣고 세지 않은 불에서 1시간 30분 정도 조린다.

2
팬에 올리브유를 두르고 약간 뜨거워지면 페페론치노를 넣어 어느 정도 튀긴 뒤 건져 낸다. → 고추기름을 만들고 건진 페페론치노는 스파게티 위에 올려 장식으로 사용하면 좋다.

3
남은 올리브유에 다진 마늘과 양파를 넣고 볶다가 페페론치노 가루를 넣고 볶는다. → 판매하는 페페론치노 가루를 쓰거나 손으로 부숴 넣는다.

4
화이트와인을 부어 한 김 나가게 해 비린내를 없앤다.

5
참치 토마토소스를 붓는다.

6
삶은 스파게티 면을 넣고 센 불에서 1분 정도 끓여 소금과 후춧가루로 간을 한 뒤 파슬리가루를 뿌린다.

차가운 섬에서
파스타를 만나다

Fusilli

all about taste

푸실리

**내게 여의도는
마음이 열리지 않는 곳 중
하나다.**

벚꽃이 한창일 때는 솜사탕을 들고 윤중로도 걸어 봤고 한때 드라마작가에 꽂혀 국회의사당 앞에 있는 작가협회에서 6개월 동안 수업도 들었는데 왜 여의도에 대한 이미지가 겨울바다 같은지 모르겠다. 처음엔 제주도보다 바람이 더 많이 불어서라고 생각했는데 그게 아니라 직장인의 스케줄에 따라 시시각각 변하는 거리의 분위기에 당황했던 것 같다.
평일 이른 아침에는 지각하지 않으려는 직장인들의 구둣발 소리가 귀청을 때리는가 하면 오전 10시쯤엔 그 많던 사람이 다 어디 갔을까 싶게 거리는 고요해진다. 그리고 다시 점심시간 10분 전부터는 비슷한 옷을 입은 사람들이 마치 마스코트 게임을 하듯 식당을 향해 돌진하고 밤 11시에는 골목 포장마차, 건물 지하의 숨어 있는 맛집마다 불야성을 이루며, 일요일 밤은 영화 〈28주 후〉에서 좀비들을 피해 모두가 숨어 버린 적막한 동네처럼 긴장감이 감돈다. 이렇게 같은 패턴으로 이합집산하는 거리가 서울에 또 있을까. 일이 없어도 자연스레 발길이 닿는 곳이 있듯 목적이 있어야만 가는 곳도 있는데 내게 여의도는 후자에 가깝다.
푸실리도 토요일 오후 여의도에 지인을 만나러 갔다가 문 연 곳을 찾아 무작정 들어간 곳이다. 매드 포 갈릭 외에 여의도에선 구미를 당기는 파스타가 있었는지 기억이 나질 않아서 이곳 역시 큰 기대를 하지 않았다(게다가 내가 파스타 중에서 파르팔레 다음으로 좋아하지 않는 면이 푸실리다. 파르팔레는 가운데가 잘 익지 않고, 푸실리는 작아서 포크질을 정신없이 해야 한다). 핫치킨 스파게티를 주문하고 물 한 잔 하면서 마늘빵을 딱 하나 먹었더니 벌써 파스타가 테이블에 도착해 있다. 버거킹 와퍼가 나오는 속도와 비교할 만하다. '면은 미리 삶아 놓았겠군' '국물이 제대로 졸아들어 면에 충분히 배었을까' 등 꼬리가 길어진 의심은 한 숟가락 넘기고 사라졌다. 센 불에서 한 번 확 볶았지만 탄 곳 하나 없는 치킨 살은 부드러우면서 쫄깃하고 살 안쪽까지 양념 간이 잘 배어 있다. 면과 양념도 따로 놀지 않고 짝을 이뤄 깊은 맛을 낸다.
함께 온 지인이 주문한 게살 크림 스파게티 역시 놀라운 맛이다. 통통한 게살은 으스러져 있지 않은 데다 비린내도 전혀 나지 않았다. 오히려 해산물의 감칠맛이 신선하게 느껴졌다. "파스타는 불의 세기를 어떻게 조절하느냐에 따라 맛이 달라집니다. 화력이 약한 가정에서는 좀 어려울 수 있겠지만 여러 번 연습하다 보면 비슷한 맛을 낼 수 있어요. 핫치킨은 고기가 부서지지 않게 센 불에서 한 번에 확 볶아야 해요. 소스는 오래 끓이지만 면을 넣고 나서는 불에서 재빨리 또 한번에 확 볶아야 맛있고요. 게살 크림 스파게티는 재료가 안 부스러지게 생크림을 팬에서 흔들면 맛이 더 달콤해져요. 공기와 많이 섞이도록 팬을 돌리면서 저어 주는 것도 포인트라고 할 수 있죠. 해산물과 게살에서 즙이 잘 배어 나오면 소금 간을 할 필요가 전혀 없어요. 그 자체의 맛이 월등하니까요." 푸실리의 셰프 얘기다. 공기 중 노출 정도에 따라 드라이에이징 스테이크의 맛이 달라지듯 혀로 가늠하기 쉽지 않으나 불과 공기는 맛있는 파스타의 일등 공신이었다. 나중에 주방에 들어가 알게 된 거지만 재료의 특성, 익히는 정도, 온도와 시간 등을 몸으로 터득한 셰프의 손놀림은 바람처럼 빨랐다. 고수의 맛을 이 가격에 먹을 수 있다는 건 여의도 사람들에게 큰 행운이다.

기분이 안 좋으면 맛도 없어요

푸실리의 주인과 주방 안의 셰프들은 오래전부터 알던 사이였다. 그들은 아무리 훌륭한 셰프라도 일하는 사람끼리 기분이 상하면 요리에 영향을 준다고 생각한다. "요리하다가 기분이 안 좋으면 희한하게 맛이 없더라고요." 그래서 그들은 스트레스 없이 즐겁게 일하기 위해 서로를 이해하려 애쓴다. 아침마다 영등포시장에 다 함께 몰려가 채소와 해산물을 사고, 들어와서는 마늘빵을 만든다. 마늘빵 100개를 만들려면 2시간이 걸리는데 이 가운데 반 이상이 명함 추첨 이벤트로 나간다. "우리는 손님이 우리 월급을 주는 거라고 생각해요. 그래서 손님이 원하면 뭐든 드려야 한다는 게 머릿속에 깊이 박혀 있어요. 메뉴에 없는 것도 손님이 원하면 해 드리고, 똑같은 메뉴가 지겨울 수 있는 단골을 위해 메뉴 개발에도 노력하죠. 칠판에 새로운 메뉴를 적어 놓고 새로운 거 찾는 분들이 주문하고 반응이 좋으면 그때 정식 메뉴로 선보입니다." 푸실리는 들어오자마자 오픈된 주방을 볼 수 있어 믿음이 가고 셰프들은 손님들의 반응을 살필 수 있어 좋다. 요리하다가도 아는 얼굴이 들어오면 바로 뛰어나가는 모습이 정겹다. 차가운 섬이 더 이상 차갑게 느껴지지 않는 순간이다.

data
address 서울시 영등포구 여의도동 13-22 KCC파크타운 2층
telephone 02-780-0288
time AM 11:00~PM 11:30
homepage www.cyworld.com/fusilli

price
게살 크림 스파게티 10,500원
해산물 크림 스파게티 9,500원
오징어 먹물 스파게티 9,000원
연어 스파게티 10,500원
핫치킨 스파게티 8,000원
새우 브로컬리 파스타 9,500원
베이컨 살라미 피자 12,500원
토마토 모짜렐라 피자 13,500원
그린 샐러드 7,500원

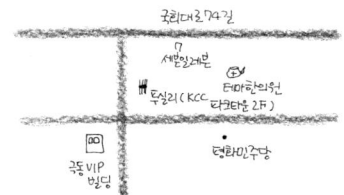

게살 크림 스파게티

stuff
스파게티 면 160g, 게살 40g, 양파 1/4개, 브로콜리 2~3조각, 크림소스 250㎖, 조개 국물 240㎖, 다진 마늘·올리브유·파르메산 치즈가루 1큰술씩, 날치 알 1작은술, 통후추·소금·후춧가루 약간씩

크림소스 생크림·우유 125㎖씩
⋯▶ **크림소스 만들기**
생크림과 우유를 1:1 비율로 섞는다. 풍부한 크림 맛을 원하면 생크림 양을 늘리고, 담백한 맛을 원하면 우유 양을 늘린다.

1
스파게티 면은 끓는 소금물에 8~10분 정도 삶아 찬물에 헹구지 말고 건져 놓는다.

2
팬에 올리브유를 두르고 다진 마늘을 볶는다.

3
마늘이 타지 않도록 주의하며 노릇해질 때까지 볶은 뒤 게살, 얇게 썬 양파, 데친 브로콜리를 넣고 함께 볶는다.

4
볶은 채소 위에 **조개 국물**(p.15 참조)을 붓고 계속 볶다가 삶은 스파게티 면을 넣어 푼다.

5
크림소스를 붓고 센 불에서 저어 가며 끓이다가 고소한 맛을 위해 파르메산 치즈가루를 뿌린다.

6
소금과 후춧가루로 간을 맞춘 뒤 면에 소스가 잘 배도록 뒤적이며 조린다.

7
긴 젓가락으로 원을 그리듯 면을 돌돌 말아 접시에 담고 날치 알과 으깬 통후추를 올린다.

pasta 46

핫치킨 스파게티

1
스파게티 면은 끓는 소금물에 8~10분 정도 삶아 찬물에 헹구지 말고 건져 놓는다.

2
팬에 고추기름을 두르고 소금과 후춧가루로 양념해 재워 둔 닭 가슴살을 한입 크기로 썰어 겉면만 익도록 볶는다.

3
고추마늘소스와 다진 마늘을 넣고 함께 볶다가 얇게 썬 양파와 피망, 버섯을 넣어 볶아 준다.

4
닭 육수(p.15 참조)를 붓고 삶은 스파게티 면을 넣어 푼다.

5
센 불에서 끓이다가 굴소스로 간을 맞춘다. 육수가 적당히 졸아들면 참기름을 넣어 고소한 향을 낸다.

6
접시에 담고 베이비순을 올려 신선함을 더한다.

stuff

스파게티 면 160g, 닭 가슴살 1조각, 양파·피망 1/4개씩, 버섯류 40g, 베이비순(새싹채소) 10g, 닭 육수 240㎖, 고추기름 30㎖, 다진 마늘·고추마늘소스 1큰술씩, 굴소스·참기름 1작은술씩, 소금·후춧가루 약간씩

all about taste

여기,
파스타 한 그릇
추가요

Angelo's Pasta 안젤로스 파스타

1,2 계단을 내려가는 벽면에는 보기만 해도 기분이 좋아지는 그림이 걸려 있다. 문을 열고 들어서면 하얀 벽면에 걸린 그림 덕분에 마음이 차분해진다. 3 서창석 오너 셰프는 이탈리아에서 8년 동안 셰프로 일했다고 한다. 셰프 복장을 한 자신의 그림과 함께 이탈리아에서 공부한 흔적들이 옹기종기 모여 있다. 4 반투명 유리창 사이로 언뜻 비치는 식기와 조리도구들

복잡한 신촌을 지나다 우연히 발견한 간판 문구-'이태리 현지에서 8년간 요리를 한 서창석 셰프의 맛있는 레시피'-가 재밌어서 들어가게 된 곳이다. 그 동네의 모든 상업 건물이 그렇듯 가게 이름이 식상하거나 요란하게 간판을 걸지 않으면 그냥 지나치기 십상이다. 휘황찬란한 술집과 카페 사이에서 꿋꿋하게 자신의 이름을 걸고 있는 파스타집은 달라도 뭔가 다를 것 같았다. 밖의 분위기와 너무 다른 실내에 일단 마음이 놓였다. 안으로 발걸음을 옮길 때마다 분위기가 확 변하는 것도 색다르다. "세 가지 테마를 담고 있는 공간입니다. 카페 같은 분위기, 식사를 즐기는 정찬 분위기, 20명까지 앉을 수 있는 단체석." 톤 다운된 색상과 흰색 타일의 벽면, 가지런히 놓여 있는 나무 테이블, 작은 창문이 모여 커다란 파티션을 만들고 있는 주방, 그 사이로 언뜻언뜻 보이는 셰프의 재빠른 손놀림, 친절한 사람들, 우리 집 거실에 가져다 놓고 싶은 그림 등 고급 레스토랑의 실내라 할 정도로 바깥과는 영 딴판이다.

애인을 위해 만드는
음식처럼

안젤로스 파스타의 서창석 오너 셰프는 1998년까지 레스토랑을 경영했다고 한다. "어느 날 요리를 직접 해야겠다는 생각이 들었어요. 10년 후를 기약하며 이탈리아요리를 배우기로 했죠. 제일 처음 리치몬드제과점에서 1년 정도 일했는데 빵집을 선택한 건 이탈리아요리의 전 과정 중 가장 기본이 되는 게 빵이라 생각했기 때문이에요. 1년 후 바로 이탈리아로 유학을 떠났어요. 공부를 마치고 이곳저곳을 돌아다니며 유명 레스토랑에서 보조로 일하고, 한국 들어와서도 레스토랑에서 셰프로 일하면서 요리 연구를 했지요. 우리 입맛에 맞추고 실험적인 요리에도 도전하며 지금의 이곳을 열게 되었습니다." 실험적인 요리란 가령 이런 것들이다. 항정살 올리브 파스타나 단호박소스의 밤뇨키, 오븐구이 삼겹살 토마토 파스타….

항정살 올리브 파스타는 한국인의 넘버원 식재료인 돼지고기쌈에서 영감을 얻었다. 홍고추와 청고추가 들어가 매콤할 뿐 아니라 파스타 위에 올린 채소 더미는 쌈 싸 먹을 때 빠지지 않는 상추에서 착안했다. 탄수화물과 단백질, 비타민 등이 골고루 들어간 건강식이다. 여학생들이 가장 좋아한다는 단호박소스의 밤뇨키는 단호박 수프에 찰떡을 빠뜨린 맛이다. 양이 적다면 디저트로도 좋을 것 같은데 세상에, 양도 많다. 흔하지 않은 뇨키는 씹을수록 쫀득쫀득하다. 그런가 하면 오븐구이 삼겹살 토마토 파스타의 비주얼은 상상 이상이다. 파스타 면 위에 자랑스럽게 올라가 있는 주먹만 한 고깃덩어리! 얼핏 이 파스타를 주문한 다른 테이블의 반응을 살폈더니, 모두 눈이 둥그레지며 환호성을 지른다. "신촌의 젊은 연인들은 저렴한 가격에 포만감을 느낄 수 있는 음식을 좋아해요. 파스타 접시와 함께 우리는 나이프까지 줘요. 파스타를 먹으면서 칼질하라고요."
게다가 가격을 낮추기 위한 서창석 오너 셰프의 사투는 눈물겹다. 언제까지 계속될지 모르지만 실제 '오늘의 파스타'는 1만800원, 매일 바뀌는 런치 파스타는 5800원이다. 8000원대 파스타도 꽤 된다.
마트에서 '1+1' 상품을 발견했을 때의 기쁨이다. 먹성 좋은 이들이 2개 시켜도 큰 걱정을 하지 않아도 될 것 같다. 인건비를 줄이기 위해 아침마다 매일 시장을 직접 보고 모든 재료를 손질하는 것도 그의 몫이다. 요리를 배우려는 학생들도 적극 수용한다. "메뉴의 저렴한 가격이 결국 손님에게 돌아가요. 저는 파스타가 절대 비싼 요리가 아니라는 사실을 심어 주고 싶어요. 다양한 곳에서 경험을 쌓도록 수습생에겐 1년 이상 여기 있길 권하지 않죠. 저에게 혹독하게 배워 다른 곳에 가서 인정받게 하고 싶으니까요."
그는 동료와 매체, 손님의 기호와 입맛에서 새로운 음식에 대한 영감을 얻는다. 그가 지닌 1000가지 레시피 중 안젤로스 파스타에서 펼치는 요리는 극소수에 불과하지만 모든 파스타를 '애인에게 주기 위한 요리' '부모님께 드리는 요리'라 생각하고 정성을 다한다. 그리고 그런 마음가짐이 퍽 즐거워 보인다. "즐겁지 않은데 어떻게 해요?" 그러고 보니, 요리하기를 지겨워하는 요리사를 지금껏 본 적이 없다. 이제 알았다.

data
address 서울시 서대문구 창천동 5-11
telephone 02-312-0250
time AM 10:00~PM 8:00

price
단호박소스의 밤뇨키 12,800원
항정살 올리브 파스타 10,800원
오븐구이 삼겹살 토마토 파스타 12,800원
런치 파스타 5,800원
감자 로스팅과 오븐 오리구이 17,800원
뿌루마지오 피자 9,800원

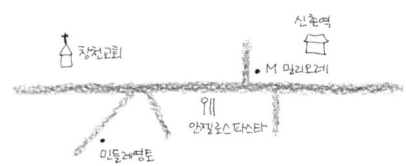

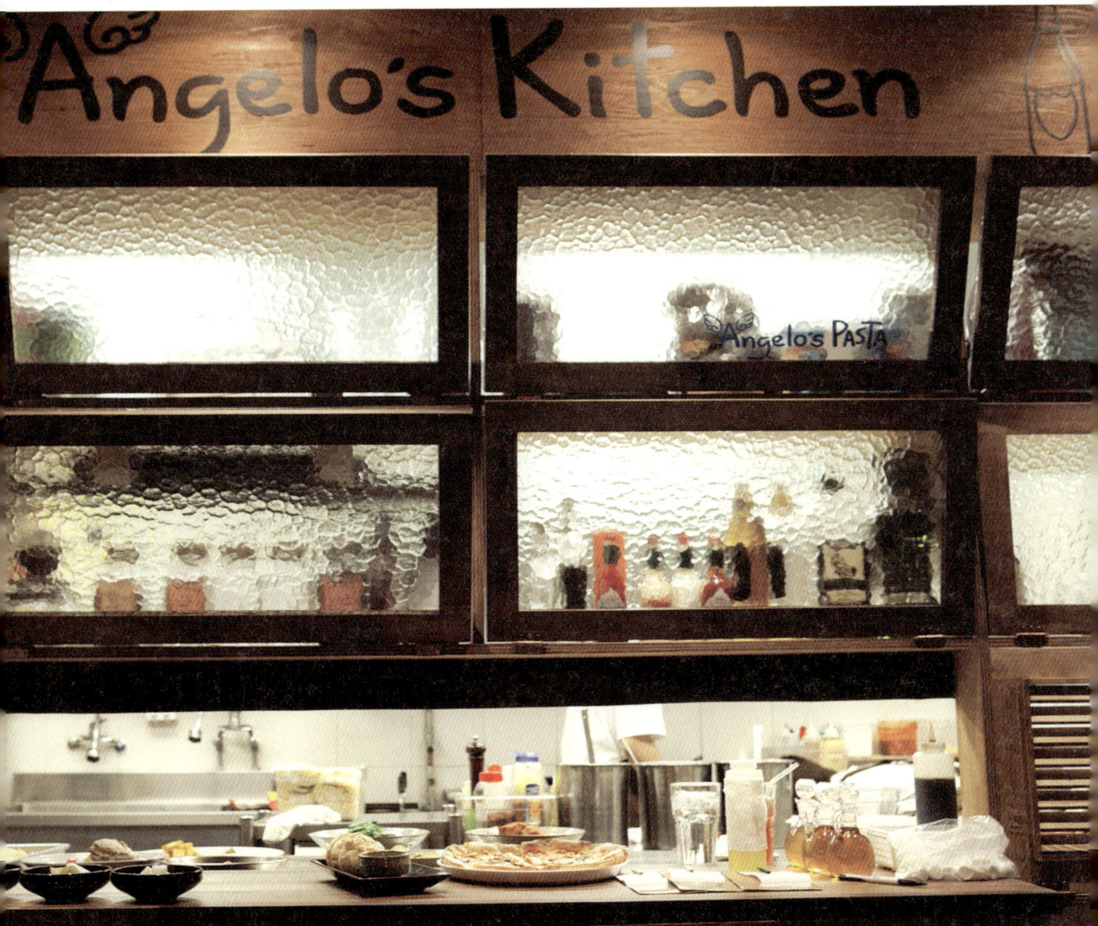
Angelo's Kitchen
Angelo's PASTA

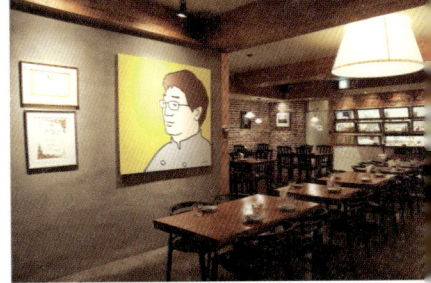

위_ 지하에 위치한 탓에 답답하리라 예상하겠지만 탁 트인 공간, 화이트 톤과 회색 톤의 두 가지 인테리어 컨셉트로 꾸민 덕분에 재미있는 곳으로 완성됐다. 주방에는 살짝 들여다볼 수 있는 창문을 여러 개 달아 분주한 셰프의 모습을 구경할 수 있다. 오른쪽_ 트렌디하면서 깔끔한 안젤로스 파스타의 실내. 조리대 위의 맛있는 음식 냄새가 창문을 통해 홀까지 솔솔 퍼진다.

pasta 47

오븐구이 삼겹살 토마토 파스타

1
냄비에 물을 붓고 삼겹살, 우유, 식용유, 월계수 잎, 소금, 통후추를 넣고 삶다가 끓어오르면 불에서 내려 삼겹살을 건져 놓는다.

2
팬에 올리브유 1큰술을 두르고 채 썬 마늘과 양파를 중간불에서 볶는다.

3
반으로 자른 방울토마토를 넣고 볶다가 레드와인을 부어 한 김 나가게 한다.

4
토마토소스와 **채소 국물**(p.15 참조)을 넣고 끓인다.

5
소스가 잘 배도록 삼겹살 비계 부위를 칼집 낸 뒤 올리브유 1큰술을 두른 팬에 올리고 로즈메리, 향초 소금, 후춧가루를 뿌려 노릇하게 익힌다.

6
다 익으면 불을 끄고 레드와인을 뿌려 비린내를 없앤 뒤 ④에 넣고 끓인다.

stuff
파스타 면 90g(기호에 따라), 돼지고기(삼겹살) 한 덩어리 250g, 방울토마토 4~5개, 양파 1/4개, 로즈메리 1줄기, 월계수 잎 1장, 마늘 2쪽, 통후추 2개, 채소 국물·토마토소스 130㎖씩, 올리브유 2큰술, 우유 2작은술, 식용유 1/2컵, 레드와인·향초 소금(타임, 로즈메리, 민트, 바질과 소금을 함께 갈아 만든 소금)·소금·후춧가루 약간씩

7
파스타 면은 끓는 소금물에 8~10분 정도 삶아 찬물에 헹구지 말고 건져 놓는다.

8
삶은 파스타 면을 ⑥에 넣고 조린다. 채소 국물을 조금씩 부으면서 농도를 알맞게 조정한다. → 오래 끓이면 삼겹살이 질겨지고 토마토의 새콤한 맛도 나지 않으므로 3분을 넘지 않도록 한다.

pasta 48

항정살 올리브 파스타

stuff
파스타 면 90g(기호에 따라), 돼지고기(항정살) 130g, 방울토마토 4~5개, 홍고추·청고추 1개씩, 양파 1/4개, 마늘 2쪽, 로메인상추·적겨자 잎·겨자 잎 적당량, 채소 국물 130㎖, 올리브유 1큰술, 레드와인·소금·후춧가루 약간씩

1
팬에 올리브유를 두르고 얇게 썬 마늘과 양파, 한입 크기로 자른 항정살을 넣고 볶는다. → 항정살은 질겨지지 않도록 노릇할 정도로만 익힌다.

2
소금과 후춧가루로 간한 뒤 불을 끄고 레드와인을 부어 한 김 나가게 해 비린내를 없앤다.

3
파스타 면은 끓는 소금물에 삶아 찬물에 헹구지 말고 건져 놓는다.

4
삶은 파스타 면을 팬에 푼 뒤 **채소 국물**(p.15 참조)을 붓고 끓인다.

5
반으로 자른 방울토마토, 어슷썰기 한 홍고추와 청고추를 넣고 3분 동안 조린다.

6
파스타 면을 접시에 담고 채 썬 로메인상추, 적겨자 잎, 겨자 잎을 풍성하게 올린다. → 집에 있는 상추를 이용해도 좋다.

단호박소스의 밤뇨키

stuff
밤뇨키 반죽(밤 60g, 리코타치즈 30g, 중력분 60g), 단호박소스 150㎖, 우유 100㎖, 생크림 50㎖, 파르메산 치즈가루 1큰술, 소금·설탕시럽·바질·파슬리가루 약간씩

단호박소스 단호박 1통, 양파 1/2개, 월계수 잎 1장, 올리브유 1큰술, 꿀 5작은술

▶ **단호박소스 만들기**
1. 냄비에 올리브유를 두르고 얇게 썬 양파를 노릇해질 때까지 볶는다.
2. 작게 썬 단호박을 넣어 더 볶다가 자작할 정도로 물을 붓는다.
3. 월계수 잎을 넣고 1시간가량 끓인 뒤 잎을 건져 내고 믹서에 간다.
4. 체에 내린 뒤 꿀을 섞는다.

tip
리코타치즈는 우유 2ℓ에 소금을 약간 넣고 끓인 뒤 레몬 100g을 넣어 거즈에 걸러서 식히면 완성된다.

1
밤을 삶아 속을 파내고 리코타치즈, 중력분을 섞으면서 반죽한 뒤 조금씩 떼어 모양대로 빚어 밤뇨키를 만든다.
→ 더욱 고소하게 만들려면 밤의 양을 늘린다.

2
팬에 우유와 생크림, **단호박소스**를 넣고 조린다.

3
바질과 파슬리가루, 소금을 넣으면서 조린다. 단맛을 좋아하면 설탕시럽을 첨가한다.

4
밤뇨키 150g을 넣고 소스가 걸쭉해질 때까지 익힌다. → 뇨키가 질겨지지 않도록 소스를 어느 정도 조린 뒤 넣는다.

5
접시에 담기 전 파르메산 치즈가루를 뿌린다.

all about taste

뚝배기에 담긴 파스타

Paris Croissant Kitchen
파리크라상 키친

기업에서 운영하는 레스토랑을 썩 좋아하는 건 아니지만 어딜 가나 맛이 비슷하고, 친절로 무장한 직원들에게 둘러싸여 있으며, 근사한 요리책 같은 메뉴판에는 전채요리부터 파스타·스테이크까지 없는 게 없다. 맛에 오차가 없으니 어느 지점에 가든 무슨 맛일까 기대하게 만드는 힘은 없지만 넓은 공간과 시시때때로 쓸고 닦았을 것 같은 실내는 물론 호텔 같은 서비스를 받는 건 기분 좋다. 파리크라상 키친도 그렇다. 이곳에서 일하는 사람만 26명. 인건비로 고심하는 파스타집 주인을 많이 만난 탓인지 파리크라상 키친에 오면 부잣집에 가서 융숭한 대접을 받는 느낌이다. 빵과 케이크를 만드는 곳이라 요리뿐 아니라 반짝이는 유리선반 안에는 기술 좋은 파티시에가 만든 디저트로 꽉 차 있다. 파스타 종류도 많은데 그중에서 내가 즐겨 먹는 건 '뚝배기 해산물 파스타'와 '시림프 핑크 파스타'. 이곳의 베스트 메뉴이기도 한 뚝배기 해산물 파스타는 이름대로 투박한 뚝배기에 담아 준다. 싱싱한 해물과 토마토 국물이 듬뿍 들어 있어 가끔 와인 마시고 취한 다음 날 속을 달래기에 좋다. 시림프 핑크 파스타는 토마토소스와 크림소스를 섞은 로제소스로 만들어 느끼하지 않게 고소한 맛을 즐길 수 있다. 가장 최근에 문을 연 파리크라상 키친 무교점의 최세동 셰프와 파스타에 대한 얘기를 나눠 보았다.

파스타를 만들 때 가장 중요하게 생각하는 것은 무엇인가요.

무엇보다 간이 잘 맞아야 해요. 우리는 소금이나 후춧가루 대신 조개 국물로 염도를 맞춥니다. 국물에 염도계를 넣어 체크하면서 맛을 유지시키고요. 기계를 사용해 맛이 일정합니다. 해산물 역시 자체에서 나오는 간을 최대한 살리려고 합니다. 맛과 향이 빠져나가지 못하도록 찬물에서 절대 해동하지 않습니다.

언제 파스타를 만들게 되었나요.

처음 시작한 건 프랑스요리였습니다. 개인 레스토랑의 주방에서 오랫동안 일하다가 2007년 입사하게 되었고 지금은 이탈리아요리 위주로 만들고 있습니다. 파리크라상 키친이 레스토랑으로 인식되기까지 오래 걸렸어요. 대부분 카페라고 생각해서인지 아직도 단골손님이 더 많은 듯합니다.

1 애피타이저부터 식사, 디저트까지 한곳에서 만드는 파리크라상 키친. 손님 1명을 위해 직원 26명이 움직인다. **2** 이미 정평이 나 있는 베이커리. 직장인을 위한 다양한 샌드위치가 마련되어 있다. **3** 피자는 화덕에서 굽는다.

data
address 서울시 중구 무교동 77번지
telephone 02-773-8208
time AM 7:00~PM 11:00
(주말 AM 9:00~PM 11:00)
homepage www.pariscroissant.co.kr

price
뚝배기 해산물 파스타 19,800원
시림프 핑크 파스타 17,800원
레자노 비프 버섯 크림 파스타 22,000원
미트볼 파스타 17,800원
명란 파스타 17,800원
오징어 먹물 리조토 17,800원
지중해풍 맑은 해산물 리조토 18,900원
토마토 펜네 파스타 18,900원
밀라노 치킨 크림 파스타 18,900원

요리할 때 가장 중요하게 생각하는 것이 있다면요.
요리사로서의 마음가짐이 있다면-모든 요리사가 이렇게 대답할 테지만-가장 신선한 재료를 선택해 가장 맛있는 순간을 찾아 대접하는 것입니다. 누군가 내가 만든 요리를 맛있게 먹고 행복해하는 것, 아마 이 세상 모든 요리사의 기쁨일 겁니다. 예전에 한 달 정도의 식사 금액을 미리 지불하고 오는 단골손님이 있었습니다. 6개월 정도 늘 가족과 함께 방문했는데 그들은 샌드위치, 파스타, 스테이크 등을 번갈아 가며 모두 즐겼습니다. 여기 음식을 좋아하지 않았다면 꽤 힘든 일이었을 텐데 그때 참 감사했지요. 주방이 오픈되어 있어서 나중에는 웃으며 인사를 나눌 정도로 친해졌습니다.

주방에서 가장 중요하게 생각하는 것은 무엇인가요.
물론 팀워크입니다. 대화가 서로 통하지 않으면 실수가 생깁니다. 그래서 직원들과 얘기를 많이 하는 편이죠. 다들 전문성을 갖추고 있기 때문에 파트별로 돌아가면서 요리합니다. 다 함께 공유해야 자기 방식에 빠져 있지 않고 특수한 상황에도 유연하게 대처할 수 있습니다. 이 모든 과정이 좋은 맛과 연결되는 것 같습니다. 서로에게 어려움이 없도록 서슴없이 털어놔야 하고 본사 개발실에서 개발 메뉴가 나오면 같이 교육 받고 수정하면서 완성시킵니다.

뚝배기 해산물 파스타와 시림프 핑크 파스타가 인기 메뉴인 것 같은데 비법이 무엇인가요.
뚝배기 해산물 파스타는 저희의 히트 상품입니다. 무교동과 어울리는 게 무얼까 생각하다가 무교동 낙지가 떠올랐지요. 그래서 좀 얼큰하고 국물도 있는 파스타를 만들자 해서 개발한 메뉴입니다. 맛의 포인트는 당연히 시원한 해산물 맛이겠지요. 시림프 핑크 파스타의 레시피에는 비스크소스가 꼭 들어갑니다.
갑각류 해산물(새우, 꽃게 등)을 살짝 구워서 우려낸 소스가 비스크소스입니다. 이 파스타는 새우가 많이 들어 있지 않아도 새우 향이 강해야 합니다.

파스타를 좀 더 편안하게 즐기는 방법이 있다면요.
이탈리아의 다른 요리보다 파스타가 가장 쉽고 간편한 요리인 건 사실입니다. 김치볶음밥 만들 듯 간편하고 요즘에는 인스턴트 제품도 많이 개발됐어요. 그렇기 때문에 내가 좋아하는 재료, 저절로 손이 가는 재료를 집어서 만들기만 하면 돼요. 정확한 레시피에 구색을 맞추기보다 냉장고에 있는 재료로 시작해야 즐겁게 요리할 수 있습니다.

pasta 50

뚝배기 해산물 파스타

stuff

파스타 면 100g(기호에 따라), 새우(대하) 1마리, 알새우 3마리, 갑오징어 4~5마리, 꽃게 1/2마리, 바지락·모시조개 3개씩, 가리비 관자 2개, 방울토마토 2개, 마늘 2쪽, 조개 국물·닭 육수 50ml씩, 토마토소스 1국자, 올리브유 1큰술, 소금·후춧가루·바질 약간씩

1
달군 팬에 올리브유를 두르고 편으로 썬 마늘을 옅은 갈색이 될 때까지 볶는다.

2
손질한 대하, 꽃게, 알새우, 갑오징어, 바지락, 모시조개, 가리비 관자를 넣고 볶은 뒤 소금과 후춧가루로 간을 한다.

3
조개 국물과 닭 육수를 붓고 끓이다가 토마토소스를 붓는다. (p.15 참조)

4
파스타 면은 끓는 소금물에 삶아 찬물에 헹구지 말고 건져 놓는다.
→ 생면은 2분 30초, 건면은 7분 정도 삶는다.

5
삶은 파스타 면을 넣고 조리다가 반으로 자른 방울토마토를 넣는다.

6
바질을 넣은 뒤 가열해 놓은 뚝배기에 담는다. → 뚝배기를 가열해 놓으면 더욱 뜨겁고 얼큰한 맛을 즐길 수 있다.

pasta 51

시림프 핑크 파스타

1
탈리아텔레 면은 끓는 소금물에 7분 정도 삶아 건져 놓는다.

stuff
탈리아텔레 면 100g, 새우(대하) 1마리, 알새우 5~6마리, 모시조개 3개, 방울토마토 2개, 아스파라거스 1대, 마늘 2쪽, 조개 국물 50㎖, 생크림·토마토소스 1국자씩, 비스크소스 1~2큰술, 다진 양파·올리브유 1큰술씩, 버터 1/2큰술, 시금치·소금·후춧가루·바질 약간씩

비스크소스 갑각류 해산물(새우, 꽃게 등)·당근·양파·셀러리·올리브유·물 적당량

▶ **비스크소스 만들기**
팬에 올리브유를 두르고 손질한 갑각류, 당근, 양파, 셀러리를 넣고 볶다가 물을 부어 20분 정도 끓인다.

2
달군 팬에 올리브유와 버터를 넣고 다진 양파와 마늘을 살짝 볶는다.

3
손질한 대하, 모시조개, 알새우, 어슷썰기 한 아스파라거스를 넣고 볶는다.

4
조개 국물(p.15 참조)을 부어 끓이다가 생크림을 넣는다.

5
토마토소스(p.15 참조)와 비스크소스를 넣고 소금, 후춧가루로 간을 한다.

6
삶은 탈리아텔레 면을 넣고 조리다가 바질을 뿌린다.

7
반으로 자른 방울토마토와 시금치를 넣고 시금치가 살짝 익을 정도로만 섞는다.

all about taste

너에게 그런 '면'이?

호면당

백화점 식당가에서 자주 만나게 되는 호면당은 '오개닉 누들바'라는 컨셉트로 캘리포니아 롤과 면요리를 선보이고 있지만 이곳에서 친구들을 만날 때마다 빼먹지 않고 시키는 요리가 누룽지 파스타다. 세숫대야 같은 그릇에 담아 주는 것도 마음에 들고 겉모습은 영락없는 파스타 같은데 면 아래에 살짝 숨어 있는 누룽지를 발견하는 것도 꽤 재미있다. 깊고 진한 토마토소스는 다른 음식에서 전혀 만날 것 같지 않은 면과 누룽지의 만남을 낯설지 않게 만든다. 토마토소스에 푹 젖은 누룽지를 계속 퍼 먹다 보면 '내가 파스타 시킨 거 맞나?'라는 생각마저 든다. 이탈리아사람들이 과연 이 음식을 '파스타'라고 할지는 모르겠지만 파스타와 토마토소스를 가지고 이렇게 색다른 요리를 만들어 내는 요리사들이 대단하게 느껴진다. 호면당의 맛을 책임지고 메뉴를 개발하는 이길진 셰프와 애기를 나눠 보았다.

1 동양적인 색채가 전달되는 호면당의 실내. '나무'라는 컨셉트를 제대로 보여 주고 있다. 2 한쪽에는 다양한 빵을 살 수 있는 베이커리가 있다. 3 '면을 좋아하는 곳'이란 뜻의 호면당. 중국의 중화면과 동남아시아의 쌀국수, 우리의 칼국수, 서양의 파스타 등 전 세계 면요리를 만날 수 있다. 4 새로 생기고 없어지기를 반복하는 청담동에서 꾸준한 사랑을 받고 있는 호면당. 유행에 치우치지 않은 인테리어도 한몫하는 듯하다.

data
address 서울시 강남구 청담동 118-4
청부빌딩 1층
telephone 02-511-9517
time AM 11:30~PM 11:00

price
누룽지 파스타 22,000원
굴탕면 17,500원
호바로우 24,000원
갈릭 치킨 24,000원
오리엔탈 프라이드 라이스 15,500원
버섯과 쇠고기덮밥 14,500원
새우와 칠리소스 24,000원
크리스피 두부 샐러드 13,500원
소이밀크 누들 18,000원

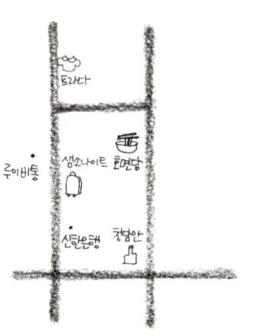

호면당 메뉴에 파스타를 넣은 이유는 무엇인가요.
호면당에서는 중국의 중화면과 동남아의 쌀국수, 우리의 칼국수 등 세계 곳곳의 면을 사용합니다. 그 가운데 서양을 대표하는 파스타 면을 소재로 한 요리는 절대 빠질 수 없죠. 이탈리아에서 먹는 그대로의 맛을 전하기보다 오리엔탈 누들 컨셉트로 맛있게 풀어 다른 곳에서 볼 수 없는 새로운 메뉴로 재해석하였습니다.

누룽지 파스타와 소이밀크 누들은 어떻게 선보이게 되었나요.
'소이밀크 누들'은 크림소스에 신선한 콩을 갈아 넣어 더욱 고소한 맛을 내는 것은 물론 풍부한 영양을 섭취할 수 있어요. 콩은 알다시피 우수한 식물성 단백질이 많이 들어 있기 때문에 각종 성인병 예방과 다이어트에도 그만이죠. 평소 두유를 좋아하는 분들이라면 집에서도 만들어 드시기를 추천합니다. 크림 파스타를 먹고 싶은데 칼로리 때문에 고민되는 여성에게 매우 인기 있는 메뉴입니다. 누룽지 파스타는 우리가 어릴 때 먹던 누룽지를 파스타에 응용해 본 요리입니다. 위에 올려진 파스타를 다 먹으면 아래쪽에 있는 누룽지를 먹게 되는데, 마치 푸짐한 리소토를 먹는 느낌이랄까요. 하나의 요리에서 다양한 즐거움을 주고 싶었어요.

음식을 할 때 가장 중요하게 생각하는 원칙은 무엇인가요.
손맛이 느껴지는 음식을 만드는 겁니다. '만드는 사람의 정성이 고스란히 음식 안에 녹아 있어야 한다는 것'이 제가 생각하는 요리입니다. 정성에는 맛뿐만 아니라 음식을 드시는 손님에 대한 배려가 포함되어 있지요. 그래서 고객이 가장 맛있게, 가장 신선하게, 가장 위생적이게, 가장 즐겁게 드실 수 있도록 최선을 다하는 길밖에 없습니다.

2002년에 처음 오픈한 호면당이 지금까지 인기 있는 비결은 무엇인가요.
패밀리레스토랑이 가장 인기를 끌었던 2002년도에 청담 1호점을 열었습니다. 재료 선정에 까다로울 뿐 아니라 매일 아침 신선한 상품만 공급 받습니다. 우리가 즐겨 먹는 면이라는 요리를 한국인의 입맛에 맞게 개발하는 것은 물론 지금까지 변함없는 맛을 선보이고 있기에 현재까지 사랑 받고 있는 것 같습니다.

파스타를 더 맛있게 즐길 수 있는 방법이 있다면요.
파스타는 그야말로 면으로 푸는 무궁무진한 맛을 담고 있어요. 만들기 간단하면서 어떤 식재료를 어떻게 활용하느냐에 따라 다양한 맛을 낼 수 있는 요리입니다. 레시피를 보고 따라 하다가 어느 정도 맛을 낼 수 있을 때가 되면 자연스럽게 다양한 시도를 통해 자신만의 파스타 만들기에 도전하게 될 것입니다. 파스타만큼 자신의 스타일에 따라 달라질 수 있는 요리도 드물어요. 맛있는 요리를 보면 세로토닌이 분비되어 행복감을 느끼게 된다고 하니 정서적으로도 도움을 주는 요리라 할 수 있겠죠.

pasta 52

소이밀크 누들

stuff
시금치면 130g, 새우 2~3마리, 날치 알 20g, 다진 양파 30g, 아스파라거스 1대, 마늘 2쪽, 구운 김 1/4장, 소이소스 100㎖, 두유·휘핑크림 50㎖씩, 닭 육수 30㎖, 화이트와인 20㎖, 올리브유 10㎖, 소금·흰 후춧가루 약간씩

1
달군 팬에 올리브유를 두르고 편으로 썬 마늘을 향이 날 때까지 볶다가 다진 양파와 어슷썰기 한 아스파라거스를 볶아 준다.

2
손질한 새우를 볶다가 화이트와인을 부어 한 김 나가게 해 비린내를 없앤다.

3
휘핑크림과 두유를 붓고 살짝 끓이다가 날치 알을 넣은 뒤 소금과 흰 후춧가루로 간을 한다.

4
시금치면은 끓는 물에 넣어 나무젓가락으로 저어 가며 3분 30초 정도 삶은 뒤 얼음물에 담갔다가 건져 놓는다. 삶은 시금치면을 넣고 잘 섞은 뒤 끓인다.

5
닭 육수(p.15 참조)와 소이소스를 넣어 농도와 간을 맞춘 뒤 그릇에 담아 길쭉하게 자른 김을 올린다.→ 소이소스는 시중에 판매하는 제품을 사용한다.

pasta 53

누룽지 파스타

1
달군 팬에 올리브유 1큰술을 두르고 다진 마늘이 옅은 갈색이 될 때까지 볶다가 다진 양파를 넣고 볶아 준다.

2
손질한 새우와 갑오징어, 겉가리비, 그린홍합, 살짝 데친 모시조개, 2㎜ 두께로 자른 관자를 넣고 볶다가 소금, 흰 후춧가루로 간을 한다.

3
화이트와인을 부어 한 김 나가게 해 비린내를 없앤 뒤 익히면서 잘게 썬 바질 잎을 넣는다.

4
뚝배기에 밥을 얇게 펴서 누른 뒤 약한 불에서 누룽지를 만든다.

5
③에 **토마토소스**, **닭 육수**(p.15 참조), 굴소스, 타바스코, 무염버터, 통마늘을 넣고 끓인다.

6
스파게티 면은 끓는 물에 넣어 나무젓가락으로 저어 가며 5분 정도 삶은 뒤 건져 놓는다. 올리브유 1큰술로 버무려 식힌 뒤 사용한다.

stuff
스파게티 면 80g, 밥 1/2공기, 새우 2~3마리, 겉가리비 · 그린홍합 2개씩, 솔방울 갑오징어(솔방울 무늬로 모양을 낸 것) · 모시조개 40g씩, 냉동 관자 · 다진 양파 30g씩, 청경채 · 통마늘 · 무염버터 20g씩, 바질 잎 2장, 굴소스 · 다진 마늘 10g씩, 토마토소스 250㎖, 닭 육수 50㎖, 화이트와인 10㎖, 타바스코 5㎖, 올리브유 2큰술, 소금 · 흰 후춧가루 · 실파 약간씩

7
삶은 스파게티 면을 넣고 끓이다가 밑동을 잘라 준비한 청경채를 넣고 농도와 간을 맞춘다.

8
⑦을 ④에 담고 보글보글 끓인 뒤 송송 썬 실파를 올린다.

차가운 파스타의
추억

베키아 에 누보
Vecchia & Nuovo

도쿄에 갈 때마다 들르는 우동집이 롯폰기의 '쓰루동탄'이다. 4년 전 일본에서 오래 산 선배가 살짝 알려 준 곳인데 '냄비우동'이나 '유부우동'을 시키면 관광객 티가 날 만큼 전혀 생각지 못했던 종류의 우동이 메뉴판을 가득 메우고 있다. "메뉴판을 읽지 못하면 눈 감고 아무거나 찍어 봐. 다 맛있으니까." 처음 그곳에 간 날, 선배의 말을 듣고 찍은 우동이 '냉우동'이었다. 얼음 조각 위에 사뿐히 올려 있는 쫄깃한 우동면에 따로 나온 맑은 국물을 부어 먹었는데, 역시나 밖에서 20분 기다린 보람이 있었다. 알고 보니 메뉴 중 10가지 종류의 우동은 뜨겁게도, 차갑게도, 손님이 원하는 대로 고를 수 있었다.

쓰루동탄이 '우동은 뜨끈해야 제맛이 아닐까'란 생각을 단번에 날려 버린 곳이라면 베키아 에 누보는 '차가운 파스타의 매력'을 처음 알려 준 곳이다. 베키아 에 누보는 조선호텔에서 운영하는 이탈리아 스타일의 베이커리 카페. 이곳에서 공짜 머핀 하나 얻어먹은 적도 없지만 자주 드나드는 이유는 안 먹어 본 음식을 시켜도 실패할 확률이 별로 없기 때문이다. 호텔의 묵직한 느낌이 없는 것도 퍽 마음에 든다. 그런 의미에서 〈자갓 서울 레스토랑 2010〉도 정확히 봤다. 베키아 에 누보가 '맛없는 게 없을 정도' 섹션에 소개됐으니까.

왼쪽_ 신세계백화점 본점 지하에 자리한 베키아 에 누보. 백화점 문 열기가 무섭게 샐러드와 베이커리를 즐기러 온 손님으로 몇 개 안 되는 테이블은 금세 꽉 찬다.
오른쪽_ 모던한 실내에서 발견한 귀여운 병정들.

봄나들이 도시락에 딱인
파스타 샐러드

베키아 에 누보에서 내가 가장 좋아하는 메뉴는 펜네 토마토 샐러드와 블랙누들 파스타 샐러드다. 펜네 토마토 샐러드는 쫀득한 펜네의 질감에 토마토와 발사믹드레싱에서 나오는 새콤달콤한 맛이 생각만 해도 입에 침이 고일 정도다.
땅속에서 제대로 익은 김장김치를 한입 베어 물었을 때의 느낌이랄까. 한 치의 오차도 없이 정확한 무게와 시간을 통해 나오는 맛이기에 언제 가도 한결같다. 블랙누들 파스타 샐러드는 참깨와 마요네즈가 들어가 고소하면서 어릴 때 잔칫집에서 먹던 '사라다'가 생각난다. 면과 채소만으로 어떻게 이런 풍부한 맛을 낼 수 있을까(솔직히 이 책을 쓰면서 얻게 된 귀중한 보물 중 하나가 바로 이 두 가지 파스타 샐러드의 레시피다). 굳이 흠을 잡으라면 양이 적다는 것? 둘이 가서 샐러드 2개와 커피 2잔을 시키면 접시를 말끔히 비우고도 당근 케이크를 하나 더 시켜 배를 채우곤 한다. 무게로 덜어 파는 신세계백화점 지하의 숍에서는 마음을 졸이며 그릇에 담아야 하고….
"다양한 모양을 가진 파스타는 채소와 어우러졌을 때 보기에도 좋지만 새로운 맛과 식감을 느낄 수 있어요. 닭고기나 쇠고기를 구워 넣는 대신 냉장고 채소박스에 있는 재료들을 첨가해 봐도 좋아요. 게다가 한번 차가워진 파스타는 쉽게 퍼지지 않아 오래 두고 먹을 수 있답니다." 베키아 에 누보의 셰프이자 신세계백화점 권순민 점장의 얘기다. 그에게 파스타 샐러드 레시피를 받은 날, 나는 마트에 가서 장을 보고 집에 오자마자 펜네 토마토 샐러드를 만들었다. 셰프의 10년 경험과 일주일에 한두 번 부엌에 들어가는 내가 어찌 같은 맛을 낼 수 있으랴만 펜네를 좀 많이 익힌 것 빼고는 얼추 비슷한 맛이 났다. 양파의 알싸한 맛과 붉은 양파의 달콤함, 발사믹식초의 톡 쏘는 맛이 꽤 만족스럽다. 색색의 파프리카 덕분에 별거 아닌데도 접시에 무지개가 뜬 것 같다.
언젠가 뉴욕에 사는 언니네 집에 머물다가 토요일 오후 롱아일랜드 와이너리로 소풍을 간 적이 있다. 언니는 떠나기 30분 전, 후다닥 파스타를 삶아 체에 받쳐 놓고 토마토와 데친 브로콜리를 썰어 파스타와 함께 버무렸다. 간은 올리브유와 소금, 후춧가루가 전부였다. 나는 '저게 무슨 맛일까' 했는데 저녁시간이 되기도 전에 언니와 형부, 조카와 밀폐용기 2통에 담긴 파스타 샐러드를 몽땅 비우고 말았다. 그때부턴가, 내게 파스타 샐러드는 피크닉 도시락으로 참 좋은 메뉴다. 그토록 쉽게 만들어 2~3시간 지나도 맛있게 먹을 수 있는 음식이 어디 그리 흔할까. 이제 개나리가 지면 벚꽃이 피고, 벚꽃이 지면 라일락 향기가 지천에 깔릴 게다. 라일락이 사라지면 또 어떤가. 곧 녹음이 우거질 텐데. 둘 혹은 여럿이 파스타 샐러드가 든 도시락가방 하나 들고 나무 밑을 걸어 보는 건 어떨까. 파스타는 차갑지만 추억은 결코 차갑지 않을 것 같다.

data

address 서울시 중구 소공동 87
서울 웨스틴 조선호텔 1층(본점 · 2011년 4월 현재 호텔 리노베이션 공사로 쉼),
서울 중구 충무로 1가 52-5번지
신세계백화점 지하 1층(명동점)
telephone 02-317-0022(본점),
02-310-1244(명동점)
time AM 10:30~PM 20:00

price

블랙누들 파스타 샐러드 3,000원(100g)
펜네 토마토 샐러드 3,000원(100g)
라사냐 7,500원(100g)
치즈 스콘 2,500원
아메리카노 3,000원

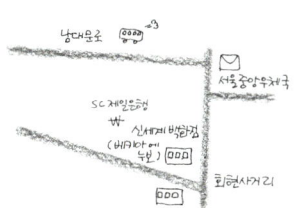

pasta 54

블랙누들
파스타 샐러드

stuff (3~4인분)
블랙누들 파스타 면(작은 것) 1봉지,
새우 20마리, 홍합 15개, 오징어
몸통 1개, 양파·붉은 양파 1/3개씩,
참깨마요네즈 2½컵, 식용유 1/3컵,
참깨·검은깨·실파·소금·설탕·
통후추·월계수 잎·레몬 약간씩

1. 끓는 물에 약간의 소금과 식용유를 넣고 블랙누들 파스타 면을 9~10분간 삶아 건진 뒤 식용유를 조금 섞어 식힌다.
2. 물에 통후추, 월계수 잎, 소금, 레몬을 넣고 끓이다가 손질한 새우, 홍합, 오징어 몸통을 살짝 데쳐 물기를 빼 둔다.
3. 양파와 붉은 양파는 0.2㎝ 두께로 얇게 썬다.
4. 삶은 파스타 면에 소금과 설탕을 약간씩 넣고 참깨마요네즈 2컵을 부어 섞은 뒤 한 묶음씩 말아서 그릇에 담는다.
5. 양파, 붉은 양파, 홍합, 새우와 먹기 좋게 썬 오징어 몸통에 참깨마요네즈 1/2컵을 부어 버무린 뒤 파스타 위에 골고루 올린다.
6. 참깨와 검은깨, 다진 실파를 뿌린다.

펜네 토마토 샐러드

s t u f f (3~4인분)
펜네 면 1컵, 토마토 6개, 방울토마토 10개, 바질 1/2팩, 모차렐라치즈 1개, 양파·붉은 양파 1/4개씩, 초록 파프리카·빨강 파프리카·노랑 파프리카 1/4개씩, 발사믹식초 1/2컵, 레몬주스 1/3컵, 올리브유 3큰술, 설탕 2큰술, 소금 적당량

1. 끓는 물에 약간의 소금과 올리브유를 넣고 펜네 면을 10분 정도 삶은 뒤 식힌다.
2. 토마토는 1/8 크기로 자르고 방울토마토는 반으로 자른다.
3. 발사믹식초 1/2컵, 설탕 2큰술, 소금 1작은술, 레몬주스 1/3컵을 섞어 드레싱을 만든다.
4. 삶은 펜네 면에 토마토, 방울토마토, 얇게 썬 양파, 파프리카, 바질을 넣고 ③의 드레싱으로 버무린다.
5. 그릇에 담아 얇게 썬 모차렐라치즈와 바질(또는 이탈리아 파슬리)을 올린다.

index 각주

ㄱ

감베레티(Gamberetti) '새우'의 이탈리아어
고르곤졸라치즈(Gorgonzola Cheese) 반연질 치즈로 이탈리아가 원산지인 블루치즈의 일종
그라나파다노치즈(Grana Padano Cheese) 우유를 가열 압착해 오래 숙성시킨 이탈리아의 하드치즈

ㄴ

너트메그(Nutmeg) 양념·향미료로 쓰이는 육두구 나무의 열매
뇨키(Gnocchi) 버터와 치즈에 버무린 이탈리아 풍의 수제비 요리

ㄷ

드라이에이징 스테이크(Dry Aging Steak) 고기를 비닐팩으로 진공포장해 숙성하는 웨트에이징(Wet Aging) 방식과 달리 공기 중에 그대로 말린 뒤 딱딱하게 된 겉면을 도려내고 속살만 구운 스테이크

ㄹ

라구(Ragù) 고기로 걸쭉하게 만드는 이탈리아요리 소스
라디치오(Radicchio) 레드치커리로, 치커리의 일종
라사냐(Lasagna) 넓적한 판 모양의 넓은 파스타
로메인상추(Romane Lettuce) 영어로 '로마인의 상추'라는 뜻으로, 로마인이 즐겨 먹던 상추라 하여 붙여진 이름
루콜라(Rucola) 이탈리아요리에 많이 쓰이는 채소
리가토니(Rigatoni) 바깥쪽에 줄무늬가 있는 튜브 모양의 쇼트 파스타
리소토(Risotto) 버터에 쌀을 넣고 살짝 볶은 뒤 뜨거운 육수를 부어 만드는 이탈리아요리
리코타치즈(Ricotta Cheese) 유청에 우유나 크림을 첨가해 만드는 이탈리아 생치즈
링귀네(Linguine) '작은 혀'라는 뜻의 이탈리아어로, 페투치네와 같이 납작하고 긴 파스타

ㅁ

마리네이드(Marinade) 고기·생선·채소를 요리하기 전에 와인·올리브유·식초·과일주스·향신료 등에 절여 놓는 것
모차렐라치즈(Mozzarella Cheese) 희고 말랑말랑한 이탈리아 치즈

ㅂ

발사믹(Balsamic) '향기가 좋다'라는 뜻의 이탈리아어
발사믹드레싱(Balsamic Dressing) 발사믹식초를 주재료로 만든 드레싱
발사믹식초(Balsamic Vinegar) 단맛이 강한 포도즙을 나무통에 넣고 목질이 다른 통에 여러 번 옮겨 담아 숙성시킨 포도주 식초
베샤멜소스(Bechamel Sauce) 생선요리, 그라탱 등에 쓰는 서양요리의 기본이 되는 화이트소스
볼로녜세(Bolognese) '볼로냐식'이라는 뜻의 이탈리아어로, 다진 고기와 양파를 넣어 만든 토마토 미트소스를 의미하기도 함
봉골레(Vongole) '조개'의 이탈리아어
비스크(Bisque) 갑각류나 조개류를 갈아 만든 걸쭉한 수프
빌라엠(Villa M) 이탈리아산 화이트와인

ㅅ

선드라이드 토마토(Sun-dried Tomato) 껍질을 까서 햇볕에 말린 토마토

ㅇ

아라비아타(Arrabbiata) '화나다'라는 뜻의 이탈리아어로, 고추를 넣어 매운맛을 내는 파스타를 지칭
아마트리차나(Amatriciana) 토마토소스에 다진 베이컨을 넣고 만든 스파게티
안초비(Anchovy) 유럽 연안에 사는 멸치과의 물고기 또는 이를 발효시킨 젓갈
알덴테(Al Dente) 파스타 면을 이로 끊어 봐 너무 부드럽지도, 물컹거리지도 않게 적당히 씹히는 촉감이 느껴지도록 삶는 것
알리오(Aglio) '마늘'의 이탈리아어
에멘탈치즈(Emmenthal Cheese) 스위스 에멘탈 지방이 원산지로 생우유를 가열 압착해 숙성시킨 하드치즈
오레가노(Oregano) '꽃박하'라고도 하며 피자에 빼놓을 수 없는 향신료로 쓰임
올리오(Olio) '올리브유'의 이탈리아어

ㅊ

체더치즈(Cheddar Cheese) 영국 체더 마을이 원산지로 우유를 압착해 오래 숙성시킨 경질 치즈

ㅋ

칼조네(Calzone) 밀가루 반죽 사이에 고기·치즈·채소를 넣고 만두처럼 만들어 오븐에 구운 이탈리아 피자
케이퍼(Caper) 지중해 연안에 널리 자생하는 시큼한 향과 매운 맛의 식물. 또는 케이퍼의 꽃봉오리를 이용해 만든 향신료
크러시드 레드페퍼(Crushed Red Pepper) 굵게 빻아 놓은 서양식 고춧가루로, 고추씨를 함께 갈아 넣어 매운맛이 강함
크레송(Cresson) 물냉이라고도 하며 매운맛과 후추 향이 동시에 나는 향신료로 쓰임

ㅌ

탈리아텔레(Tagliatelle) 얇고 폭이 넓은 납작한 롱 파스타
토마토 콩카세(Tomato Concasse) 토마토의 껍질·꼭지·씨를 제거하고 과육만 작게 잘라 놓은 것

ㅍ

파르미자노 레자노(Parmigiano Reggiano) 일반적으로 '파르메산 치즈'라고 하는 이탈리아산 치즈
파르팔레(Far-falle) 나비 모양의 쇼트 파스타
파파르델레(Pappardelle) 납작하고 긴 지름 2~3cm의 파스타
페스토(Pesto) 가열 조리하지 않은 이탈리아음식 소스
페투치네(Fettuccine) 납작하고 긴

지름 0.8~1cm의 파스타
페페론치노(Peperoncino) 이탈리아산 작은 고추
펜네(Penne) 쇼트 파스타로, 튜브 모양의 양 끝이 사선으로 잘려 있는 게 펜촉 같다고 해서 붙여진 이름
포카치아(Focaccia) 밀가루 반죽에 올리브유·소금·허브 등을 넣어 구운 이탈리아 빵
푸실리(Fusilli) 꼬불꼬불 돌돌 말린 나사

모양의 쇼트 파스타
퓌레(Purée) 채소나 고기를 갈아 체로 걸러 걸쭉하게 만든 음식
프로슈토(Prosciutto) 이탈리아 햄의 종류
플랑베(Flambé) 해산물이나 고기의 비린내를 없애기 위해 뜨겁게 달군 팬에 와인을 부어 기화시키는 작업

ㅎ
할라페뇨(Jalapeno) 멕시코 요리에 쓰이는 매운 고추

index 메뉴

ㄱ
갈릭칩 파스타 190
감베리티 스파게티 148
감자 크림 파스타 30
갑오징어 미소 파스타 80
게살 크림 파스타 138
게살크림 스파게티 222
굴 파스타 208

ㄴ
나폴리탄 스파게티 32
누룽지 파스타 252

ㄷ
단호박 & 새우 크림소스 펜네 60
단호박소스의 밤뇨키 236
뚝배기 해산물 파스타 242

ㄹ
랍스터 오일 파스타 168
레몬크림 & 치킨 파스타 206
링귀네 콜로리 52

ㅁ
매운 주꾸미 스파게티 180
머시룸 크림 파스타 112
명란 오일 파스타 84

ㅂ
볼로냐 스타일의 라사냐 158
볼로네세 126
봉골레 파스타 40
블랙누들 파스타 샐러드 258

ㅅ
사천식 매운 굴소스의 해산물 파스타 62
새우 바질페스토 파스타 94
새우 올리브오일 파스타 136
선드라이드 토마토 스파게티 146
소이밀크 누들 250
시금치 크림 파스타 188
시림프 핑크 파스타 244

ㅇ
아마트리차나 124
안심 토마토 파스타 134
안초비 파스타 70
알리오 디 마레 114
연어 크림 스파게티 178
오븐구이 삼겹살 토마토 파스타 232
오징어 먹물 파스타 50
올리브오일소스의 꽃게 페투치네 156

ㅊ
칠리새우 토마토 파스타 166

ㅋ
카르보나라 198
키조개 파스타 72

ㅌ
톤노 스파게티 216

ㅍ
펜네 로제 파스타 200
펜네 아라비아타 186
펜네 토마토 샐러드 259
풍기 스파게티 214

ㅎ
하노이 파스타 102
할머니라구 파스타 92
핫치킨 스파게티 224
항정살 올리브 파스타 234
해산물 토마토 스파게티 42
해산물 토마토 파스타 104, 116
홍합 들깨 고추장 크림 파스타 82
홍합국물소스와 링귀네 22
훈제연어와 버섯으로 맛을 낸 페투치네 20

파스타+카페

발행일 | 초판 1쇄 2011년 9월 1일
　　　　 2쇄 2011년 11월 14일

지은이 | 이민정

발행인 | 김우석
편집장 | 김미현
책임편집 | 김은정
편집 | 손영선 박미선
마케팅 | 공태훈 김용호

교정 교열 | 중앙일보어문연구소
디자인 | 원유경
사진 | SALLY CHOI
진행 어시스트 | 김한나
일러스트 | 이누리
출력 | 트리콤
인쇄 | 성전기획

발행처 | 중앙북스(주)
등록 | 2007년 2월 13일 제2-4561호
주소 | (100-732) 서울시 중구 순화동 2-6번지
전화 | 1588-0950
팩스 | (02) 2000-6174
홈페이지 | www.joongangbooks.co.kr

ⓒ 이민정, 2011

978-89-278-0254-9　13590

이 책은 중앙북스(주)가 저작권자와의 계약에 따라 발행한 것으로서 저작권법으로 보호받는 저작물이므로 무단 전재와 무단 복제를 금지하며, 이 책 내용의 일부 또는 전부를 이용하려면 반드시 저작권자와 중앙북스(주)의 서면 동의를 받아야 합니다.

* 잘못된 책은 구입처에서 바꾸어 드립니다.
* 책 값은 뒤표지에 있습니다.

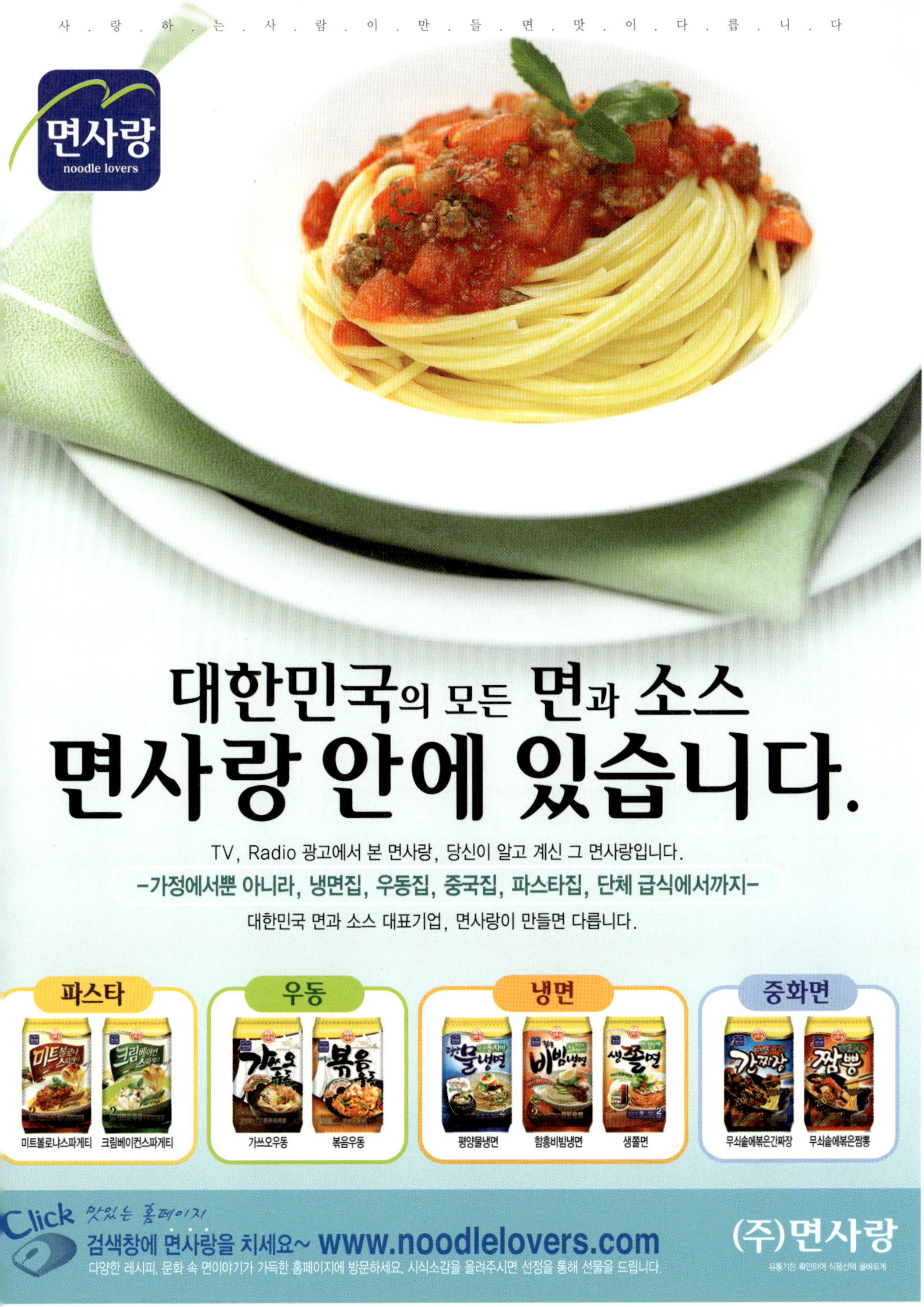

사.랑.하.는.사.람.이.만.들.면.맛.이.다.릅.니.다

대한민국의 모든 면과 소스
면사랑 안에 있습니다.

TV, Radio 광고에서 본 면사랑, 당신이 알고 계신 그 면사랑입니다.
-가정에서뿐 아니라, 냉면집, 우동집, 중국집, 파스타집, 단체 급식에서까지-
대한민국 면과 소스 대표기업, 면사랑이 만들면 다릅니다.

파스타

미트볼로냐스파게티 크림베이컨스파게티

우동

가쓰오우동 볶음우동

냉면

평양물냉면 함흥비빔냉면 생쫄면

중화면

무쇠솥에볶은간짜장 무쇠솥에볶은짬뽕

 맛있는 홈페이지
검색창에 면사랑을 치세요~  www.noodlelovers.com  (주)면사랑
다양한 레시피, 문화 속 면이야기가 가득한 홈페이지에 방문하세요. 시식소감을 올려주시면 선정을 통해 선물을 드립니다.

중앙SUNDAY, 이젠 당신 차례입니다.
서울과 수도권 오피니언 리더들에게 일요일 아침 배달되는 고품격 신문입니다.

저희 독자는
기업 CEO와 간부들, 대학교수와 초·중·고 교사, 작가와 예술인, 고위 공무원,
정치인, 언론인, 법조계 인사, 전문직 종사자 등 입니다.
또 사람과 미래를 생각하고 지식을 사랑하는 이들입니다.
구독층이 특화된 것도, 일요일 배달도 국내에서 유일합니다.

중앙SUNDAY는 '열린 보수'를 지향합니다.
보도 기준은 좌파냐 우파냐가 아니라 수준이 높으냐 낮으냐 일 뿐입니다.
현실을 직시하는 용기와 통찰력, 역사와 과학 중시, 종교와 예술 존중,
인문학에 대한 열정이 중앙SUNDAY의 편집 방침입니다.

수많은 오피니언 리더가 중앙SUNDAY의 열렬한 팬입니다.
이젠 당신 차례입니다.

	월 구독료	1년
선납(일시납)	-	50,000원
자동이체	5,000원	(60,000원)

J 중앙일보　중앙SUNDAY

• 구독문의 1588-3600　　• 지방광역시는 월요일에 배달됩니다

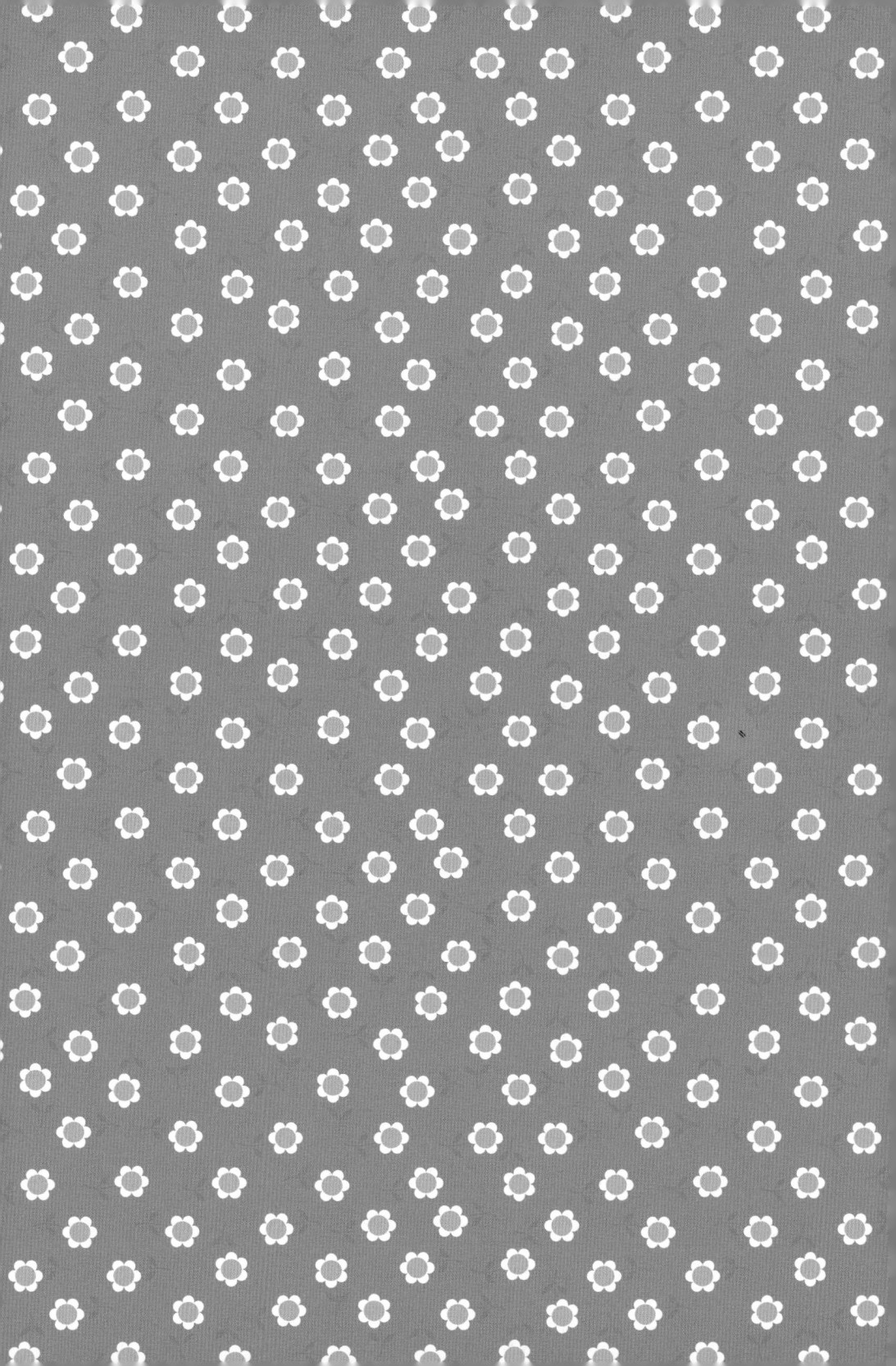